REIKI
TRADICIONAL
para o Mundo Moderno

Métodos Práticos para a Cura Pessoal e Planetária

Amy Z. Rowland

R E I K I
TRADICIONAL
para o Mundo Moderno

Métodos Práticos para a Cura Pessoal e Planetária

Tradução
EUCLIDES LUIZ CALLONI
CLEUSA M. WOSGRAU

EDITORA PENSAMENTO
São Paulo

Título do original:
Traditional Reiki For Our Times

Copyright © 1998 Amy Zaffarano Rowland.

Publicado originalmente nos USA por Healing Arts Press, uma divisão da Inner Traditions International, Rochester, Vermont.

Publicado mediante acordo com Inner Traditions International.

Advertência: Este livro é de caráter informativo. Os remédios, conceitos e técnicas nele descritos têm por objetivo complementar, e não substituir, cuidados ou tratamentos médicos profissionais. No caso de problemas de saúde mais delicados, use-os somente depois de consultar um profissional de saúde qualificado e competente.

Todos os direitos reservados. É expressamente proibida a reprodução ou utilização de qualquer parte deste livro, por quaisquer meios, eletrônicos ou mecânicos, inclusive fotocópias, gravação sonora ou qualquer tipo de sistema de armazenamento e recuperação de informações, sem a devida autorização.

Fotografias de Amy Levin, Yvonne DeVastey, Donna Fasano de Donna Glas.
Fotografias do dr. Mikao Usui, Chujiro Hayashi e Hawayo Takata usadas com a permissão de William Rand.
Ilustrações de Rita Zaffarano.

Edição		Ano
2-3-4-5-6-7-8-9-10-11-12	O primeiro número à esquerda indica a edição, ou reedição, desta obra. A primeira dezena à direita indica o ano em que esta edição, ou reedição, foi publicada.	00-01-02-03-04-05-06

Direitos de tradução para a língua portuguesa
adquiridos com exclusividade pela
EDITORA PENSAMENTO LTDA.
Rua Dr. Mário Vicente, 374 – 04270-000 – São Paulo, SP
Fone: 272-1399 – Fax: 272-4770
E-mail: pensamento@cultrix.com.br
http://www.pensamento-cultrix.com.br
que se reserva a propriedade literária desta tradução.

Impresso em nossas oficinas gráficas.

Para o Proveito Maior de Todos os que Estão Envolvidos com a Energia Amorosa do Reiki

SUMÁRIO

Agradecimentos	11
Introdução: Rumo ao Futuro	13
1. Um Método de Cura Tradicional para o Mundo Moderno	19
Reiki: Um Método de Canalização da Energia de Cura Através das Mãos	21
Sintonização de Reiki: Um Ritual Intemporal de Transformação	23
2. O Reiki no Contexto do Nosso Tempo	25
A Tradição Oral do Reiki	25
O Mestre, ou Professor, de Reiki	29
O Curso de Reiki	31
O Aluno de Reiki	32
3. Reiki Nível I: Princípios Básicos da Prática	35
A Descoberta de um Fundamento Comum	36
O Objetivo do Reiki	39
O Processo de Sintonização	41
Mãos de Reiki	44
O Trabalho Sobre Si Mesmo e Sobre os Outros	47
Posições Padrão para Tratamento	50

4. **Autotratamento com Reiki** 53
   Posições Básicas das Mãos 53
5. **Posições Opcionais para o Autotratamento** 71
   Posições Opcionais do Básico I 72
   Posições Opcionais do Básico II 77
   Posições Opcionais do Básico III 80
   Posições Opcionais para as Extremidades 81
   Prática das Posições das Mãos 84
6. **Reiki Nível I: As Origens do Método de Cura** 87
   A Religação com a Energia Vital Universal 89
   A Redescoberta de um Método de Cura Perdido e sua Reutilização
      em todo o Mundo 89
   De Geração a Geração 98
   O Reiki e a Relação Corpo/Mente: Todo Conhecimento
      é Memória 102
7. **Anatomia Humana Prática** 111
   Aprofundando a Percepção, Despertando a Sensibilidade 111
   Revisão do Corpo Humano: Básico I 113
   Revisão do Corpo Humano: Básico II 116
   Revisão do Corpo Humano: Básico III 120
8. **Tratamento de Clientes** 123
   Trabalho com o Cliente 125
   Parte Anterior do Tronco — Posições Básicas 127
   Posições Opcionais 130
   A Cabeça — Posições Básicas 138
   Posições Opcionais 142
   As Costas — Posições Básicas 145
   Posições Opcionais 152
   Completando o Processo de Sintonização 157
   Os Primeiros Dias Depois do Curso de Reiki 158
9. **Levando o Reiki para Casa** 159
   Formando uma Rede de Apoio 162
   Estabelecendo-se Profissionalmente 163
   Certificação de Reiki Nível I 167
   O Papel do Assistente num Curso de Nível I 168
   Crie com o Reiki a Vida que Você Quer 168
10. **O Curso Avançado de Reiki: Uma Visão Geral** 169
    Participando de uma Experiência Comum,
    Analisando uma Experiência Nova 172

O Trabalho com os Símbolos 174
Prática: Autotratamento e Tratamento do Cliente 182
Mais Prática: Mestres do Passado 185
Mais Prática: A Cura do Mundo 188
Certificação de Reiki Nível II 190
11. Além do Curso de Reiki II.. 191
Acrescentando Reiki II à Prática Profissional............................... 192
A Decisão de Ensinar: Reiki Nível III 193
A Escolha de um Mestre de Reiki para o Nível III 194
O Papel do Assistente num Curso de Nível II 195
12. Reflexões: Reiki Ilimitado, Aprendizado Ilimitado 197
O "Outro" Reiki Tradicional.. 198
Variações do Reiki Ensinado por Mestres Treinados por Takata....... 199
Variações da Próxima Geração 200
Variações de Reiki Relacionadas com o Budismo Tibetano 201
Variações de Reiki Influenciadas por Métodos de Cura Egípcios 202
Não é a Última Palavra 204

Notas 207

Leituras Sugeridas 211

AGRADECIMENTOS

O Reiki é a melhor coisa que me aconteceu na vida, uma verdadeira bênção. Serei eternamente grata a Ângela Rapalyea e a Bruce e Estelle Rausch, que me abriram as portas a essa experiência e me ajudaram a entrar em contato com minha primeira professora, reverenda Beth Gray. Meus sentimentos de gratidão em relação a Beth e a Frank DuGan, e, por meio dos ensinamentos e da inspiração deles, a Hawayo Takata, Chujiro Hayashi e Mikao Usui, são muito mais profundos do que as palavras podem expressar: eu os reverencio por sua coragem, dedicação e comprometimento, e lhes agradeço a paciência e a compaixão infinitas dispensadas a mim, uma aluna que continua aprendendo muitas coisas todos os dias.

Minha compreensão do Reiki não seria tão completa nem lúcida sem a convivência calorosa com meus colegas de curso, praticantes de Reiki, com meus mestres de Reiki e com meus próprios alunos e clientes. As páginas deste livro farão ouvir os ecos de suas vozes e risos pelas histórias que alegremente compartilhamos. Essas histórias continuam sendo um catalisador para a evolução da minha compreensão e para o aprofundamento do meu amor por essa energia, que é o verdadeiro professor e agente de cura de todos nós.

O apoio da família e dos amigos foi fundamental para a criação e conclusão deste livro, e também uma fonte de bem-estar para mim. Quero agradecer de modo especial a Amy Levin, Yvonne DeVastey e Donna Fasano, as modelos fotográficas; a Donna Glas, a fotógrafa; e a Rita Zaffarano, a artista (e minha mãe!) por contribuírem com sua energia amorosa, sua paciência e seus sorrisos para este empreendimento. Donna Fasano, Janet Kuchler, Nicholas Chin e Ton't Lam revisaram o manuscrito e me deram sugestões muito apropriadas para aperfeiçoar o texto e para reanimar-me nos dias mais sobrecarregados. Amigos *on-line*, impossível nomear por serem muitos, enviaram-me tratamento a distância em momentos de necessidade, dirigiram-me palavras de apoio e lembraram-me, repetidas vezes, de que meu único guia é Deus dentro de mim.

Quero também agradecer à comunidade dos praticantes e mestres de Reiki que se encontram e conversam entre si via Internet. Recomendo um espírito de pesquisa aberta, serviço e tolerância pelas diferenças de opinião que se refletem em inúmeras publicações do ramo e em muitas páginas da rede. Agradeço a honestidade, a integridade e o comprometimento de todos com relação à cura. Obrigada por compartilharem livremente informações, palavras inspiradoras e novas visões.

Agradecimentos especiais a todos os que colaboraram comigo em minhas pesquisas, especialmente sobre as formas não tradicionais e mais recentes de Reiki: Marsha Burack, Tsy Ford, Earlene Gleisner, Robert Henley, Gary Jirauch, Marvelle Lightfield, Douglas Morris, Suzanne Parnell, William Rand, Richard Rivard, Sharon Wendt e Patrick Zeigler. Admiro a cortesia, a clareza, a paciência e o incentivo de vocês e prezo muito seus esforços no sentido de informar e esclarecer a comunidade mundial sobre o Reiki.

Quero também agradecer à equipe de produção e editoração da Healing Arts Press, e especialmente à minha editora, Susan Davidson, que trabalhou comigo e com este manuscrito com todo o carinho e ponderação. Estou realmente impressionada com seu permanente bom humor, sua sensibilidade, argúcia e sólidas habilidades profissionais. Fico feliz por este livro ter chegado às suas hábeis mãos; minha expectativa é que vocês todos, da Healing Arts Press, façam este livro chegar aos leitores que mais possam se beneficiar com sua leitura.

Mari Hall, Janeanne Narrin e (novamente) Douglas, obrigada por me convidarem a participar de um círculo de Reiki que envolve o mundo e a unir-me a outros professores na amizade e na cura.

Finalmente, meus agradecimentos a todos os que lerem este livro com mente e coração abertos e com a disposição de refletir sobre a possibilidade de a cura acontecer mais rápida e profundamente e com efeitos mais duradouros do que em geral esperamos; e, às vezes, onde há pouca ou mesmo nenhuma esperança. Testemunhar milagres — essa é a recompensa que desejo a todos.

INTRODUÇÃO

Rumo ao Futuro

Como acontece com muitas outras pessoas, comecei a interessar-me pela cura ao lado da cabeceira de alguém que eu amava, mas cuja dor me era impossível abrandar. Mesmo sabendo que meus cuidados e atenção, bem como minhas orações, produziam certo alívio, eu me sentia frustrada pelo pouco que podia fazer para causar uma mudança positiva. Talvez como antídoto para aliviar meu próprio sofrimento nessa situação, a idéia que recorria com intensidade cada vez maior era que a dor que eu testemunhava era desnecessária e que uma solução para esse problema, em harmonia com nossa natureza espiritual, estava próxima e à disposição.

Mais de um quarto de século depois, ainda alimentando esse interesse pela cura, resolvi fazer uma pausa em meus estudos para participar de uma conferência sobre cura holística no Rosemont College, situado num subúrbio a oeste da Filadélfia. Eu passava a manhã despreocupada, percorrendo as diversas barracas, quando descobri que, no início da tarde, haveria uma palestra sobre medicina americana nativa; assinalei-a imediatamente em meu prospecto e esperei ansiosa que a hora chegasse. Mas o evento acabou sendo pouco interessante, não trazendo praticamente nada de novo para mim. Na saída, porém, aproximei-me e apresentei-me a uma mulher que havia feito uma pergunta muito pertinente. Ela me disse que seu nome era Ângela e que além de interessar-se muito pela medicina americana nativa era também praticante de Reiki.

"Você sabe o que é Reiki?", ela perguntou.

Eu não sabia, mas no instante mesmo em que ela pronunciou a palavra, senti um desejo profundo de aprender tudo o que eu pudesse sobre o assunto. Convidada para uma sessão de Reiki para um primeiro contato com esse método de cura, aceitei o convite imediatamente.

Três semanas depois, fui à casa de Ângela para receber o tratamento. Sua sala de trabalho, que antes fora o quarto de dormir das crianças, agora estava pintada com as cores calmantes do deserto; as paredes eram decoradas com quadros de areia. Ela me perguntou se eu queria música de fundo. Preferi o silêncio e um pouco de conversa.

Ângela saiu da sala para que eu me pusesse à vontade sobre a maca. Desabotoei um botão na altura da cintura, tirei os óculos, deitei de costas e me cobri com o lençol.

Ao voltar, ela me perguntou se eu queria uma almofada debaixo dos joelhos, ou uma manta para aquecer-me. Eu disse que estava tudo bem. Ela, então, pediu licença para começar o tratamento, avisando-me que colocaria as mãos sobre a parte inferior da minha caixa torácica (por cima da minha camisa de flanela e do lençol) e que manteria essa posição até sentir a mudança de energia em suas mãos, quando então passaria a outra posição.

Acredito que isso tenha durado uns cinco minutos. Sob suas mãos, eu podia sentir um fluxo de energia suave e calmante. A sensação não chegava a causar-me surpresa, mas era relaxante o suficiente para me deixar com sono. Com a mente consciente, porém, resisti ao impulso de dormir. Eu queria fazer perguntas.

O que ela sentia nas mãos? Eu queria saber. Como ela sabia quando devia passar para a posição seguinte? Ela também sentia o formigamento que eu sentia na região coberta por suas mãos? Conseguia ver minha aura? Recebia alguma impressão sobre minha saúde durante o tratamento? Ângela respondia minhas perguntas calmamente enquanto me aplicava o tratamento de Reiki completo. Sem dúvida, ela podia falar sem comprometer a qualidade da experiência. Aparentemente, não precisava concentrar-se nem manter a atenção consciente na tarefa para que a energia fluísse através das mãos.

Com o corpo físico relaxando e a mente tranquilizada, fiz a pergunta mais importante: quando e onde eu poderia aprender Reiki? Ângela me respondeu que uma mestra de Reiki chamada Beth Gray estaria na região em março de 1987. Eu poderia ter uma aula com Beth, pois a professora de Ângela só estaria nas proximidades bem depois dessa data.

Fiquei aborrecida por ter de esperar, mas satisfeita por ter uma aula antecipada. Quando terminou as aplicações na frente do corpo e se deslocou para tratar a minha cabeça, Ângela me disse que estava vendo imagens em sua mente. Embora eu não conseguisse interpretar algumas dessas imagens e avaliar seu significado em minha vida, outras eram tão óbvias que me faziam rir. Ângela me informou que alguns possíveis resultados do aprendizado de Reiki poderiam ser um aumento da percepção psíquica e a consciência de experiências de vidas passadas.

"Eu quero aprender", pensei. "Estou pronta para isso."

Embora me sentisse pronta, tive de esperar seis meses para participar de um curso de nível I com a mestra de Reiki Beth Gray e aprender o mesmo método de cura de imposição das mãos que Ângela havia me demonstrado. A prática diária favoreceu a assimilação das lições e reforçou minha consciência da energia poderosa e maravilhosa que agora fluía por minhas mãos. A surpresa e a profunda gratidão demonstradas por aqueles que inesperadamente se viam aliviados da dor aos poucos me livraram de todos os resíduos de ceticismo intelectual.

Comecei a acreditar que milagres de cura eram realmente possíveis, bastando apenas que eu pusesse as mãos nas partes do corpo que revelassem essa necessidade. Eu imaginava minhas mãos dentro de mãos maiores que as envolviam num campo de força de amor, pois, na verdade, a sensação da energia de cura que pulsava através das minhas mãos não ficava restrita aos limites da minha pele. Uma auréola de energia de cura envolvia minhas mãos. Eu não podia esperar — mas tinha de esperar — para aprender mais.

Seis meses mais tarde, em novembro de 1987, pude participar de um curso de nível II ministrado pela mestra de Reiki Beth Gray; foi então que aprendi a aplicar tratamento a distância. Novamente, minha percepção desse campo de força de amor mudou e se expandiu, e minha sensibilidade para a amplitude de expressão da energia aumentou significativamente. Agora, ao fazer tratamento a distância, eu tinha a sensação de perscrutar o corpo debaixo de minhas mãos, reforçando assim outras impressões que eu recebia. Quando era apropriado, eu transmitia essas informações ao cliente, não como prognóstico, diagnóstico, ou prescrição, mas como impressões e sugestões que deviam ser consciente e imparcialmente avaliadas e usadas apenas se fossem consideradas significativas e proveitosas.

Nos anos que se seguiram, continuei participando como assistente de cursos de nível I e nível II quando minha professora vinha à cidade — aproximadamente a cada seis meses. Nessas ocasiões, eu sempre apresentava as perguntas que haviam surgido no decorrer da prática de Reiki. Eu amava minha professora e acreditava que cada palavra sua era inspirada. Tive o primeiro sinal de que ela ainda era humana e capaz de ampliar sua compreensão do Reiki quando, seis meses mais tarde, um aluno fez uma pergunta idêntica à que eu havia feito algum tempo antes. A resposta que ele recebeu foi completamente diferente, mas dá objetivo a minha vida e serve de orientação para minha prática diária atual.

A pergunta é esta: Podemos usar o Reiki para enviar cura ao mundo? Quando levantei a questão pela primeira vez, num curso de nível II de que eu participava como assistente, Beth havia dito aos novos alunos que eles podiam usar a cura a distância para enviar a energia Reiki tanto para pessoas, animais de estimação e plantas como para organizações, relacionamentos e projetos — enfim, para onde quer que houvesse necessidade. Entretanto, minha pergunta a tomou de surpresa. Ao responder, ela hesitou, sugerindo então a mim — e a todos os presentes — que seria melhor enviar a cura a indivíduos específicos, um a um. Essa resposta não se adequava ao contexto do que ela acabara de dizer. Não me dei conta disso na ocasião, mas eu havia entrado num território desconhecido para ela, lições que sua professora, a mestra de Reiki Hawayo Takata, talvez não tivesse abordado em sua presença.

Seis meses depois, quando um jovem levantou a mão e fez a mesma pergunta num outro curso de nível II, fiquei perplexa com a resposta de Beth. "Pode-se enviar a cura do Reiki ao mundo?", disse ela, repetindo a pergunta. Então, balançando lentamente a cabeça, ela respondeu: "Não vejo por que não. Tente." Obviamente, minha mestra de Reiki era capaz de ter uma mente aberta a novas possibilidades e de adaptar-se às necessidades emergentes dos alunos.

Cinco ou seis meses mais tarde, quando comecei a me debater com o sonho de ensinar Reiki a outras pessoas, essa compreensão da capacidade de Beth para mudar e crescer como ser humano servindo aos outros como instrutora espiritual me ajudou a ver que eu também poderia servir, mesmo me sentindo tão pouco preparada. Hoje sei que o próprio fato de ser humana é, às vezes, tranqüilizador para meus alunos, preocupados em estar "prontos" para aprender e praticar Reiki em todos os níveis. Eu posso contar a eles as histórias da minha própria falta de preparo — meu ceticismo, minha resistência, minhas perguntas intermináveis — e, por meio delas, revelar o poder da energia para curar um "Tomé descrente".

Também consigo tranqüilizar meus alunos com relação ao valor da paciência. Depois de aprender Reiki em 1987, tive de esperar oito anos para me tornar professora. Durante esse longo intervalo, pude realizar diversas coisas: praticar Reiki; adquirir experiência por meio dessa prática; participar como assistente, inúmeras vezes, das aulas de Reiki de Beth Gray, numa espécie de aprendizado informal; crescer espiritualmente; desenvolver a capacidade de aconselhamento e a experiência de sala de aula por meio da minha outra atividade.

Entretanto, talvez eu não tivesse abandonado a sala de aula se, numa noite de setembro de 1994, um sonho não me acordasse com uma sensação obsessiva de urgência: sonhei que uma guerra nuclear acabara de começar. Todos haviam recebido um aviso de quinze minutos — evacuar, dirigir-se a um abrigo subterrâneo, ficar em paz consigo mesmo e preparar-se para morrer. O que eu queria fazer durante esse tempo? Ensinar Reiki. Eu me vi no sonho, com quinze minutos de vida pela frente, parando as pessoas que fugiam e falando-lhes sobre as posições das mãos, sobre o fluxo de energia e sobre os poderes de cura do Reiki.

A percepção daquela manhã me impeliu a pegar o telefone e entrar em contato com um mestre de Reiki após outro, até encontrar um com quem senti uma ligação imediata e um grau de confiança extraordinário: Frank DuGan, colega de Beth Gray, alguém que ela havia carinhosamente chamado de "policial do Reiki". Entretanto, nos anos decorridos desde a aposentadoria de Beth, Frank deixara a força policial para dedicar-se à prática do Reiki, e tornara-se mestre havia pouco tempo. Senti-me inicialmente um pouco intimidada por ele, um homem que havia unido, sem perder a cadência, toda uma vida de investigações de crimes e de pessoas desaparecidas com a experiência mais mística e agradável que eu conhecia.

Frank era o professor perfeito para mim: direto a ponto de ser rude, com uma mente inquisitiva, agora voltada para as práticas espirituais e de cura do mundo, e olhos repletos de luz. Sua mente aberta incentivou-me a pesquisar o que o ensinamento tradicional de Beth havia me apresentado como a totalidade do Reiki. Ele fez a ligação entre minha consciência e um sentido de novas possibilidades e direções.

A percepção que daí nasceu ainda está em desdobramento, naturalmente, mas é marcada pela aceitação do poder que o Reiki tem de manifestar-se por meio de muitos métodos, muitos símbolos, muitas mãos. Não há espaço para a intolerância nesse esquema recentemente redesenhado da história do Reiki no mundo; a única posição possível é a aceitação de todas as variações já ensinadas e das que ainda estão surgindo — e, finalmente, talvez, a gratidão e o regozijo pela grande quantidade de instrumentos que hoje temos à disposição para levar a cura aos que amamos e ao mundo.

Este livro foi escrito com um olho voltado para um futuro em que todos juntarão as mãos para levar a cura aos necessitados e à própria Terra. Ele foi escrito tanto para aqueles que nunca ouviram falar de Reiki como para os que empregam essa palavra nas conversas diárias; para aqueles que gostariam de levar a cura à sua vida e à vida de suas famílias, mas que não querem transformar o Reiki no centro de sua atenção; para os que são médicos, enfermeiras, profissionais da saúde convencionais e também alternativos, que estão constantemente buscando novas formas para melhorar a qualidade do atendimento que podem oferecer e reconhecem que a medicina energética tem condições de complementar a medicina alopática no século XXI.

Este livro também foi escrito para os que já são praticantes e professores de Reiki, como uma referência básica, um manual, um convite a um aprendizado sempre maior — e como uma celebração da energia vital universal que flui através de nossas mãos. Possamos dar-nos as mãos em amor incondicional para criar uma fraternidade, compartilhar visões e levar a cura ao nosso mundo.

1

Um Método de Cura Tradicional para o Mundo Moderno

O Reiki é um método de cura natural que usa a energia canalizada através das mãos de um praticante para restabelecer a saúde e proporcionar uma sensação de bem-estar. Um tratamento de Reiki é semelhante a uma massagem, com duas diferenças importantes: o cliente permanece deitado o tempo todo, vestido com roupas folgadas; e o praticante mantém as mãos imóveis sobre o cliente, somente movendo-as quando sente alterações no fluxo da energia canalizada.

Na verdade, o tratamento de Reiki também se parece com a prática de imposição das mãos, porque as mãos do praticante pousam sobre o cliente com leveza e suavidade. Entretanto, o Reiki não é "cura pela fé": nem o cliente nem o praticante precisam acreditar na eficácia do tratamento. Muito simplesmente, a cura acontece.

Nem o ceticismo mais extremado consegue bloquear a energia de cura; mesmo um cliente que vá para um tratamento dizendo "Eu sei que isso não vai me ajudar" consegue deter a energia de cura. Por quê? *Reiki* significa "força vital dirigida pelo Espírito" ou "dirigida pela alma". A essa força a mente consciente não consegue resistir por muito tempo, porque a pessoa inteira sente sua natureza intensa, suave, amorosa.

Geralmente traduzimos a palavra *Reiki*, de origem japonesa, como "energia vital universal". O Reiki usa essa energia vital universal, em vez da energia individual, para promover a cura da pessoa, e faz isso em harmonia com a inteligência natural da mente e do corpo, que trabalham juntos para preservar e proteger a saúde e aumentar o bem-estar.

Ao deparar com a palavra *Reiki* pela primeira vez, talvez você tenha se surpreendido por sua semelhança com algumas outras palavras asiáticas que passaram a fazer parte de nossa cultura. Por exemplo, *aikidô*, palavra que identifica uma arte marcial japonesa, tem *ki* como sílaba central. De modo semelhante, *qui gong*, um sistema de cura oriental e de práticas meditativas, tem a palavra *qui* no início. *T'ai chi*, uma forma de exercício físico e de meditação em movimento, também tem essa palavra em sua raiz. Todas essas artes implicam o cultivo e o treinamento da energia vital individual com fins de autodefesa, cura ou meditação.

O Reiki difere dessas artes na medida em que não requer o treinamento da energia vital individual. O Reiki aumenta a energia vital que circula naturalmente pelo corpo da pessoa, mantendo a saúde e a vitalidade, com um fluxo vigoroso da mesma energia que originariamente põe em movimento o milagre da vida. Essa energia acelera e amplia todos os processos de cura que acontecem naturalmente: ela relaxa músculos tensos, agiliza a digestão, estabiliza a pressão sangüínea e o açúcar no sangue, estanca o fluxo sangüíneo, acalma uma pulsação acelerada, estimula o sistema imunológico e alivia a dor. Tudo isso faz do Reiki uma forma excelente de medicina preventiva para quem já é naturalmente saudável.

Quando há uma crise de saúde, como um resfriado, uma gripe ou uma intoxicação alimentar, o Reiki ajuda o corpo a processar mais rapidamente os resíduos de infecção e de outras toxinas. Às vezes esse processamento simplesmente reduz a duração ou diminui a intensidade dos sintomas que acompanham a crise; outras vezes, ele dá à pessoa condições de evitar uma doença mais grave.

O Reiki também restitui aos que estão cronicamente doentes uma sensação de bem-estar, aliviando os sintomas a ponto de freqüentemente iniciar e manter períodos em que eles praticamente desapareçam. Por isso, quando médicos avaliam exames de pacientes que receberam Reiki regularmente como complemento de tratamentos convencionais, às vezes eles conseguem reverter diagnósticos desfavoráveis e alterar prognósticos pessimistas.

O Reiki cria e dirige a cura para as regiões do corpo que podem beneficiar-se dele. Isso significa que uma pessoa muito doente pode receber a energia de cura em áreas do corpo que o médico ainda não percebeu que estão afetadas (pois a medicina se baseia acima de tudo em raios X e em outros exames para prescrever um tratamento). Significa também que a mesma pessoa, enfrentando uma crise grave de saúde, em geral pode ser ajudada a recuperar a vontade de viver. Mesmo quando o agravamento de uma doença chega ao ponto de impossibilitar a recuperação física, o Reiki ainda alivia os sintomas, reduz a dor e abranda o sofrimento emocional; e, no devido tempo, ajuda a pessoa a aceitar a paz da morte.

Além disso, e sem que seja surpresa, o Reiki favorece a fertilidade e, após a concepção, atenua o incômodo da gravidez e acalma as dores do parto. Ele pode reduzir tanto a duração do trabalho de parto como a sensação de mal-estar.

Reiki é cura, sempre. Melhora a qualidade de vida, sempre, seja a perspectiva de vida breve ou longa. Certamente, quando a pessoa que recebe um tratamento de Reiki está crônica ou criticamente doente, o grau de cura que acontece muitas vezes surpreende os membros da família, os amigos e os médicos, e pode até superar as expectativas do praticante experiente. Mas, quando a pessoa está bem, a cura não se mostra espetacular. Se a sua sensibilidade ao fluxo de energia for pequena, o cliente saudável quase sempre se sentirá apenas mais relaxado e com mais disposição; esse é o correlato conscientemente acessível da cura sutil.

Espetacular ou sutil, a experiência de cura não é dirigida pela mente consciente do praticante de Reiki. Ela é criada pela energia vital universal que flui pelas mãos do praticante, em harmonia com a força vital que circula através da mente e do corpo da pessoa que recebe o tratamento. O praticante de Reiki simplesmente atua como canal.

REIKI: UM MÉTODO DE CANALIZAÇÃO DA ENERGIA DE CURA ATRAVÉS DAS MÃOS

Essa capacidade de canalizar a energia vital universal para a cura distingue o Reiki de outras tradições antigas e respeitáveis, como o xamanismo, que exige que o praticante assuma a doença da pessoa tratada para que ela fique livre. O Reiki não exige que se assuma a doença física, a angústia mental ou o sofrimento emocional de ninguém.

Ele também se diferencia de algumas modalidades de cura modernas, como a massagem sueca, que implica atividade do praticante para relaxar os músculos tensos do cliente. O Reiki não sobrecarrega nem exaure fisicamente o praticante, porque nenhum esforço físico, exceto o de posicionar as mãos, é necessário para canalizar a energia de cura. Todavia, ao término de um tratamento, muitos clientes poderão comentar: "Foi melhor que uma massagem." Eles sentem os efeitos calmantes da energia tão profundamente que adormecem, e então acordam completamente relaxados e renovados. De fato, massagistas e terapeutas corporais muitas vezes aprendem Reiki para poder oferecer a seus clientes uma modalidade de cura que, no decorrer do tempo, não sobrecarregue seus próprios músculos e tendões a ponto de sofrerem da síndrome de túnel carpal. Um número cada vez maior de escolas de massagem conceituadas oferece Reiki entre seus diversos cursos.

Como o método de cura natural do Reiki usa energia canalizada de um poder superior, as energias do praticante não se esgotam. Na verdade, os praticantes, em sua maioria, dizem que se sentem "carregados" quando aplicam um tratamento. Essa sensação é resultado do fluxo da própria energia. Antes de mais nada, a energia flui para o praticante, levando a cura e o alívio às áreas possivelmente estressadas do seu corpo, e em seguida, através de suas mãos, ela flui para o cliente. Como uma mangueira que molha o solo sedento do jardim com um chuvisco refrescante, o praticante se beneficia do fluxo de energia que passa dentro dele e através dele.

Muitas pessoas acreditam que as mãos que aplicam Reiki já são "mãos de cura". Terapeutas corporais, massagistas, enfermeiras, médicos, quiropráticos — na verdade, qualquer pessoa — podem trabalhar conscientemente com imagens, afirmações e intenções para fortalecer a capacidade de cura de suas mãos. O Reiki amplia extraordinariamente a capacidade de cura natural ou cultivada do estudante; se o estudante acha que não tem nenhuma habilidade de cura natural, o Reiki mostra sem nenhuma dúvida que ele recebeu a capacidade de canalizar uma ordem superior de poder de cura.

O único esforço físico que o praticante de Reiki precisa fazer é posicionar as mãos em algum lugar — sobre si mesmo, sobre um cliente deitado na maca, em torno de um vaso de terracota em que estão plantados gerânios —, e a energia de cura fluirá livremente. Depois de sintonizar-se adequadamente para canalizar a energia, o praticante não precisa mais ficar centrado, presente, espiritualmente elevado ou mesmo de bom humor. A energia fluirá assim que ele posicionar as mãos — e a experiência de canalizá-la vai centrar, tornar presente, elevar e levar a cura para o próprio praticante e para a pessoa, o animal ou a planta que estiver sob suas mãos.

Esse é um dos grandes benefícios do aprendizado do Sistema Usui de Reiki tradicional: basta que o praticante coopere com o fluxo de energia para promover a própria cura. Esse é um dos motivos pelo qual os praticantes de Reiki não se autodenominam "agentes de cura". Eles sabem que o verdadeiro agente e promotor da cura é a energia vital universal.

SINTONIZAÇÃO DE REIKI: UM RITUAL INTEMPORAL DE TRANSFORMAÇÃO

O que possibilita ao Reiki realizar em curtas sessões o que outras artes orientais de cura não conseguem alcançar em anos de diligente treinamento? A resposta é ao mesmo tempo simples e profunda: os cursos de Reiki incluem sintonizações presididas por um mestre (professor) que capacitam o aluno a canalizar a energia vital universal para a cura. Essas sintonizações são antigos rituais sagrados; elas carregam o aluno com energia vital universal, ajustando sua energia individual à mesma freqüência dessa força superior e estabilizando sua capacidade de canalizar o intenso fluxo de cura dessa energia.

Freqüentemente, a experiência da sintonização é calma; só aos poucos, às vezes semanas ou meses mais tarde, o aluno se dá conta da extraordinária transformação que aconteceu em suas mãos e em seu coração. Há ocasiões, porém, em que a experiência da sintonização é agitada. O aluno diz ver uma luz púrpura girando num redemoinho ou um botão de lótus desabrochar, ou ainda ouvir o som dos gongos de um templo. Quer o aluno deixe de perceber as mudanças que ocorrem, quer ele seja envolvido por todos os sinos e silvos, o resultado é absolutamente o mesmo: ele é transformado, despertado para um novo modo de ser cuja verdadeira natureza é a cura. À medida que ele aplicar Reiki em si mesmo e nos outros, sua percepção ficará progressivamente mais forte. O ceticismo será substituído pela fé, e a fé, por um conhecimento profundo, íntimo, amoroso da energia de cura que opera por intermédio dele.

Essa fé, baseada na experiência prática, é compatível com todas as religiões. De fato, muitos praticantes de Reiki acreditam que esse antigo método de cura é o mesmo usado por Cristo e por Buda. A história do Reiki geralmente aceita diz que o modo como Cristo curava os doentes inspirou o dr. Mikao Usui, um japonês estudioso de religião, a dedicar sua vida à busca de uma resposta. Finalmente, depois de muitos anos de estudo, ele encontrou o conhecimento que se perdera: esse método de cura por "imposição das mãos" estava descrito numa língua morta, em antigos rolos de pergaminho esquecidos durante séculos na prateleira de um depósito num templo budista em Quioto.

O dr. Usui procurou orientação espiritual antes de apresentar sua descoberta ao mundo. Tratou muitas pessoas com Reiki e ensinou seus métodos a muitos interessados para que eles próprios pudessem prosseguir no trabalho de cura. Ele deixou tudo preparado para que o ensino de Reiki continuasse depois de sua morte. O dr. Usui não transformou o Reiki numa religião: não determinou nenhum mandamento nem elaborou nenhuma escritura sagrada. De fato, ele não pediu a ninguém para acreditar no que quer que se relacionasse com o Reiki — nem mesmo em sua eficácia. Usui incentivava todos os que a ele recorriam em busca da cura — e esses pertenciam a muitos credos religiosos diferentes — a praticar a religião em que foram educados e encontrar nela o conforto espiritual e o seu valor intrínseco.

A verdade pura e simples é que o Reiki não conflita com nenhuma religião. Ao contrário, o que ele propicia é uma experiência direta e profunda do poder de cura da energia vital orientada pelo Espírito. Alguns praticantes afirmam serenamente que essa é uma experiência direta de Deus, e praticam Reiki como parte de seu caminho espiritual pessoal. Outros, que chegam ao Reiki sem nenhuma crença religiosa específica, contentam-se em simplesmente considerá-lo uma experiência transformadora de uma forte energia de cura, sem se interessar por sua fonte última.

No decorrer dos próximos cem ou duzentos anos, talvez as pessoas transformem o Reiki numa religião convencional com uma administração burocrática, um "clero", doutrinas, e todos os demais acessórios da ortodoxia. Atualmente, porém, não há razões suficientemente boas para complicar o processo de ensino de Reiki ou da aplicação de tratamentos: a simplicidade e a vividez da experiência de sentir a energia de cura fluindo pelas mãos é profunda, humilde, inspiradora e igualmente disponível a todos.

Nenhuma filosofia, doutrina ou dogma se interpõe no caminho de quem quer que queira experimentar essa energia de cura — e é assim que deve ser.

Para corresponder à sua denominação, a "energia vital universal" deve promover e sustentar o crescimento e o desenvolvimento de todas as pessoas individualmente, quaisquer que sejam suas crenças religiosas. Pois o Reiki é um método de cura natural prático e eficaz: suas origens são antigas; seu uso está registrado nas escrituras religiosas; sua redescoberta é oportuna. O homem que descobriu os rolos de pergaminho perdidos em que estava descrito o método do Reiki buscou orientação espiritual para reintroduzi-lo no mundo. A resposta que ele recebeu, sob a forma de visão, foi clara: o mundo precisa de cura.

Por esse motivo, fora do contexto habitual das práticas que têm por objetivo a iluminação espiritual individual, o dr. Usui ofereceu o Reiki às pessoas em sua comunidade. Ele não exigiu que elas abandonassem suas antigas crenças ou que adotassem novas; e também não lhes pediu que adotassem outras disciplinas espirituais que dessem uma base à cura que haviam recebido. Ele ofereceu o Reiki sem liames que o prendessem, com exceção de um: que valorizassem a cura que recebiam.

Hoje o mundo é a comunidade que recebe o Reiki pelas mãos de muitos mestres e canais de Reiki. À medida que praticamos o Reiki e o vemos operar em nossa vida, ele amplia nossa capacidade de acreditar em milagres. O Reiki oferece a maior esperança que conhecemos para curar a nós mesmos e ao nosso mundo.

2

O Reiki no Contexto do Nosso Tempo

A TRADIÇÃO ORAL DO REIKI

Embora o Reiki não seja uma religião, o pergaminho em que está descrito seu método de cura foi encontrado nos arquivos de um templo budista no Japão. A existência desse pergaminho fora esquecida. Ele estava empoeirado devido ao abandono e ao descuido dos monges que viviam no mosteiro. Na busca da iluminação individual, os monges não tinham necessidade de praticar a cura; e para obter a sabedoria espiritual, não precisavam estudar os textos das escrituras, redigidos tanto em línguas antigas como modernas. Uma vida ascética, a meditação diária e a audiência devota das histórias de Buda levavam à serenidade da mente. Para esses monges, que haviam se afastado do mundo voluntariamente, o pergaminho, com seu ensinamento espiritual secreto de um método de cura que podia ajudar a humanidade, perdera a importância havia dezenas de anos.

Para o dr. Usui, naturalmente, encontrar essas escrituras foi como achar o Santo Graal, pois a descoberta pôs fim à sua longa busca da descrição escrita do método que Cristo e Buda usavam para curar o corpo. Ao mesmo tempo, o achado incumbiu-o da responsabilidade de praticar e ensinar o método entre uma população que, nos últimos anos do século XIX, incluía muitas pessoas analfabetas.

A solução que ele encontrou foi apresentar o Reiki ao mundo através de sua própria história pessoal, continuando na tradição oral do ensinamento espiritual, já conhecida das pessoas que o procuravam, e, para os alunos que sabiam ler, fornecer um manual escrito com informações básicas.[1] As pessoas por ele tratadas e ensinadas ouviram sua história; elas também puderam fazer perguntas e ouvir respostas baseadas na experiência que o dr. Usui tinha dos muitos benefícios do Reiki. O dr. Chujiro Hayashi, que a maioria dos Mestres de Reiki tradicional que ensinam atualmente no Ocidente acredita ser um dos vários mestres de Reiki iniciados pelo dr. Usui, também pode ter preparado um manual escrito para seus alunos.* Ele registrou as experiências que fez em sua clínica de Reiki e passou as anotações para Hawayo Takata, a primeira Mestra ocidental de Reiki; mas ensinou a ela do mesmo modo como o dr. Usui o havia ensinado, principalmente por meio da palavra falada. O próprio ritual sagrado de sintonização foi descrito e demonstrado verbalmente, e não por escrito. Takata precisou conservar tudo na memória: a história do Reiki, as posições das mãos, os símbolos, o processo de cura a distância e o ritual de capacitação do estudante para canalizar a energia de cura.

O dr. Usui, o dr. Hayashi e Hawayo Takata mantiveram a tradição oral na transmissão do Reiki em parte porque esse método era familiar para as pessoas das regiões onde eles ensinavam, e em parte porque há muito tempo se acredita que a tradição oral no ensino de práticas espirituais preserva o valor e o significado dessas práticas. Sem dúvida, o resultado dessa atitude foi que o ensino de Reiki ficou protegido e preservado.

Hawayo Takata, a mulher sino-americana que introduziu o Reiki no Ocidente, iniciou 22, talvez 23 Mestres de Reiki. Nossa incerteza quanto ao número exato é um testemunho do esforço de Takata para continuar a tradição oral e da sua resistência a transmitir quaisquer informações sobre o ensino de Reiki por escrito.

Um fato talvez deixe o leitor surpreso. Sem prevenir os Mestres de Reiki que iniciara, Takata ensinou variações nas técnicas de imposição das mãos e de cura a distância — foi a forma que ela encontrou para enfatizar que é a própria energia vital universal que realiza o trabalho de cura, mais do que um ou ou-

---

* William Rand, postagem de 2 de dezembro de 1997, enviada a uma lista de correspondência particular de 7 de dezembro de 1997. Rand escreve que o International Centre for Reiki Training "acabou de receber a cópia de um opúsculo japonês de Reiki [...] com o título 'Manual de cura do Instituto Hayashi de Reiki' ". Rand pretendia concluir a tradução desse documento em 1998 e pô-lo "à disposição da comunidade de Reiki".

tro método "correto". Ela não permitia que seus alunos fizessem anotações. Eles eram obrigados a memorizar, o que possibilitava uma interpretação seletiva e ao mesmo tempo subjetiva. Quando esses alunos, agora Mestres, retornaram a seus países e ensinaram em suas línguas nativas, as diferenças lingüísticas aumentaram e se somaram às diferenças já criadas pelas variações de Takata no ensino e, devido à memória, na interpretação e nos gestos. Ensinando em todas as partes do mundo, relativamente isolados uns dos outros, poucos Mestres de Reiki iniciados por Takata chegaram a descobrir ou a comparar essas diferenças.

Uma geração depois, essa descoberta se tornou inevitável, e o debate, necessário. O Mestre de Reiki moderno A. J. Mackenzie Clay, na Austrália, substituiu os três símbolos tradicionais de cura a distância por símbolos aborígines e descobriu que eles funcionam; Mestres de Reiki em outros lugares do mundo fizeram experiências invertendo a direção do primeiro símbolo tradicional de cura a distância e descobriram que ele continua sendo eficaz; muitos praticantes de Reiki concluíram que os três símbolos de cura a distância funcionavam mesmo quando eram traçados incorretamente.

Quando praticantes de Reiki começaram a questionar os Mestres que os haviam sintonizado, e quando esses Mestres começaram a falar abertamente com outros Mestres, ficou claro que Takata havia ensinado variações do método intencionalmente, para preservar a verdade essencial do Reiki: a prática de Reiki nos oferece a oportunidade de trabalhar em cooperação com a energia vital universal, e essa energia é consciente, intencional, inteligente e infinitamente amorosa, como Deus é consciente, intencional, inteligente e infinitamente amoroso. Essa energia ignora diferenças de língua falada e escrita e de gestos de mãos, e não se desvia do seu objetivo por causa da imprecisão, da desatenção, da falta de intenção clara, da inquietação emocional ou mental ou dos defeitos de caráter. Sua natureza é tão compassiva que ela compensa instantaneamente nossas imperfeições. A intenção da energia é curar o mundo, e nada do que digamos ou façamos pode afastá-la desse propósito, impedi-la de cumprir sua finalidade ou diminuir seu poder.

Compreendendo que a experiência da energia vital universal é a única verdade essencial do Reiki, reduz-se a necessidade de manter a tradição oral no ensino. Os últimos cinco anos testemunharam a publicação de muitos livros sobre Reiki para praticantes e para o público em geral. Alguns mestres e praticantes abriram *sites* na Internet, e serviços *on-line* possibilitam a formação de grupos de estudo de Reiki. Representações dos símbolos de cura a distância e de sintonização, antes guardadas com o maior cuidado, hoje são transmitidas de um Mestre a outro por fax. Cada vez mais, Mestres de Reiki tradicionais permitem que seus alunos anotem tudo o que aprendem na sala de aula.

O dr. Usui e o dr. Hayashi trabalharam no Japão, onde todos aceitavam e valorizavam a tradição oral no ensinamento espiritual. Takata, que residia no Havaí, serviu como ponte de ligação entre o Oriente e o Ocidente. Ela levou a tradição oral no ensinamento espiritual aos Estados Unidos e insistiu com os Mestres iniciados por ela que mantivessem essa tradição ao ensinar seus alunos. Apesar do valor da palavra escrita nesse país, ela resistiu a todos os convites para publicar o que ensinava, e inspirou a mesma resistência na maioria dos Mestres de Reiki que iniciou. Essa atitude, aliada ao ensino intencional de variações na técnica, ajudou a preservar a liberdade do Reiki com relação ao dogma e à doutrina e a enfatizar somente a palavra que não pode ser escrita: a energia em si, que é a verdadeira agente de cura e mestra de todos nós.

Mestres de Reiki contemporâneos que se consideram tradicionais fazem as pazes com o passado de várias maneiras. A maioria ainda conserva parte do que lhe foi ensinado — em geral, as técnicas de sintonização e os símbolos — como segredo, utilizando apenas a transmissão oral; no ambiente de sala de aula, porém, diante de alunos que querem aprender as posições das mãos ou a cura a distância, e aprender bem, a maioria incentiva a tomada de apontamentos ou distribui apostilas ou manuais que descrevem as técnicas ensinadas. Para alguns, esse é um grande passo, embora bastante assustador, em direção à era da informação. Entretanto, para cumprir a promessa do Reiki de levar a cura ao mundo, talvez seja bom e necessário dar esse passo — um passo que permite que nos aproximemos, estendamos os braços e nos demos as mãos, envolvendo o mundo com a força da cura e a energia do amor incondicional.

Mestres de Reiki são professores, equipados com um conhecimento maior e mais experiência em sua área de atividade do que os alunos a quem ensinam. Eles também são veículos para a expressão de uma energia que é imensamente poderosa, amorosa, bondosa. Às vezes, é difícil para um Mestre de Reiki dizer simplesmente, humildemente: "Não sei a resposta a essa pergunta, mas procurarei pesquisar e dar-lhe um retorno." Todavia, é exatamente esse o modelo de ensino que o dr. Usui elaborou para todos os Mestres de Reiki quando ouvia as perguntas de seus alunos sobre os métodos que Cristo usava para realizar milagres de cura. A personalidade, o intelecto limitado e a mente consciente do professor nem sempre têm todas as respostas.

Também é difícil para o Mestre de Reiki que aprendeu a amar e valorizar as técnicas de cura que lhe foram ensinadas por seu poder e eficácia admitir que outras técnicas possam ser tão poderosas e eficazes, mesmo que também sejam chamadas de "Reiki". Entretanto, esse nível de abertura mental e de tolerância é fundamental se o Mestre de Reiki não quer demonstrar pouco conhecimento do seu assunto, ou pior — estreiteza mental, intolerância e atitude julgadora. O fato de Takata ter ensinado tantas variações aos Mestres por ela iniciados e a circunstância de nós, que "descendemos" desses Mestres, ainda ensinarmos essas variações não servem como motivo para condenar as variações alheias. (Não é difícil entender que a intolerância, que nasce da ignorância, cria a separação, o *stress*, a doença, a enfermidade — as mesmas condições de sofrimento que procuramos abrandar.)

Como Mestres de Reiki, temos o compromisso de ensinar o que aprendemos (nossa "linhagem") com respeito e amor, e de aceitar os ensinamentos de outros Mestres (outras linhagens) também com respeito e amor. Todos os Mestres de Reiki compartilham a experiência da verdade do Reiki. Essa é a essência que não pode ser contestada; e esse é o fundamento sólido de nosso ensinamento e a base das histórias que partilhamos, que são as mais inspiradoras e significativas para nossos alunos. Quer conservemos estritamente a tradição oral em nossas salas de aula, como Takata, ou a modifiquemos, como o dr. Usui e o dr. Hayashi, possibilitando a nossos alunos que tenham à disposição parte do que ensinamos por meio de apostilas e manuais, e ao público em geral por meio de livros e artigos, há uma necessidade crítica de superarmos nossas diferenças, de aprendermos uns com os outros e de trabalharmos juntos para ensinar Reiki a quem queira aprender. O mundo está necessitando urgentemente de cura. Takata faria com que todos nós déssemos as mãos, sentíssemos a energia e agíssemos com responsabilidade e compaixão.[2]

O MESTRE, OU PROFESSOR, DE REIKI

Em primeiro lugar, o Mestre de Reiki é uma pessoa que recebeu uma sintonização de Mestre, muito mais intensa do que a conferida aos alunos dos cursos de nível I e nível II. Essa sintonização o carrega sobremaneira com a energia Reiki, curando e trazendo à superfície, para limpeza, tudo o que reste em sua consciência para ser curado e purificado. Essa sintonização também aperfeiçoa, fortalece e estabiliza o canal para cura estabelecido a partir das sintonizações anteriores; o novo Mestre de Reiki precisa servir como condutor para fluxos de energia mais intensos do que aqueles com que esteve em contato até esse momento. Como um pára-raios, ele precisa ter condições de canalizar toda a energia que um aluno possa aceitar e assimilar em suas mãos conscientemente. O aluno vai reter essa energia de uma sintonização para outra, tornando-se, com cada uma, um canal mais forte e mais limpo.

O Mestre de Reiki não tem controle sobre a quantidade de energia que o aluno recebe e aceita durante uma sintonização. Da mesma forma que um cliente na maca recebe exatamente a quantidade de energia Reiki que o corpo precisa no momento do tratamento, assim o aluno numa aula recebe exatamente a quantidade de energia necessária para instalar o canal de cura no momento da sintonização.

A quantidade de energia que um aluno pode receber com percepção adequada durante a sintonização varia. Às vezes não há nenhuma percepção de mudança. Entretanto, o Mestre perceberá claramente a intensa energia que flui por suas mãos para cada aluno que está sendo sintonizado.

Essa consciência é cura para o Mestre de Reiki, e inspira temor e reverência. O compromisso de servir como Mestre de Reiki, ensinando a mente e sintonizando as mãos dos alunos, deve ser forte o suficiente para que o Mestre não se desvie do seu propósito, levado por um sentimento de demérito. (O Mestre tem suas próprias lições de vida, que lhe são dadas para ajudá-lo a crescer e evoluir; ele pode ser egoísta, orgulhoso, ter uma mentalidade estreita ou o hábito de julgar. Quaisquer que sejam as fraquezas do seu caráter, mais cedo ou mais tarde ele tomará consciência delas e compreenderá, mais profundamente até, a importância da cura de si mesmo.) O serviço continuado recompensa o Mestre com uma compreensão maior e com a experiência da natureza dessa energia de cura, que é o amor incondicional. Essa compreensão se faz acompanhar pelo perdão concedido a si mesmo por imperfeições humanas.

Ao ensinar, o Mestre pode falar com verdadeira inspiração, dizendo exatamente as palavras que seus alunos precisam ouvir, numa voz cheia de tons de cura. Mas ele pode também pronunciar mal as palavras, gaguejar, contradizer alguma coisa dita um pouco antes, ou admitir que não sabe a resposta a uma pergunta. Se ele agir assim, seja agradecido por sua honestidade em admitir os limites de sua experiência e conhecimento intelectual. Ele está revelando sua humanidade e sua verdadeira confiança na energia, bem como demonstrando seu profissionalismo. Quando você se sentir inseguro com relação às suas próprias mãos ou às evidências de sua própria experiência, essa sensação pode lhe propiciar um vislumbre da fé.

Um Mestre de Reiki tradicional aceita a redescoberta do dr. Usui como o início do Usui Shiki Ryoho, o Sistema Usui de Cura Natural.[3] Esse reconhecimento consta do certificado que o aluno recebe ao término do curso, como parte do texto impresso ou escrito do documento e como parte do selo de Mestre de Reiki.

O CURSO DE REIKI

O ensino de Reiki se processa tradicionalmente em três níveis. O primeiro nível (nível I) ensina ao aluno a cura pela imposição das mãos; o segundo nível (nível II) ensina a cura a distância; o terceiro nível (nível III) treina o praticante experiente para ensinar Reiki.

No curso de nível I, um Mestre de Reiki tradicional desenvolve o seguinte programa: ele apresenta a história do Reiki; demonstra as posições das mãos específicas para o autotratamento; demonstra as posições das mãos específicas para tratar um cliente; administra quatro sintonizações para capacitar o aluno a ser um canal de cura. Esse é o "núcleo" instrucional de um curso de nível I. Atendidas essas exigências, o Mestre confere ao aluno um certificado de nível I que comprova seu treinamento e o qualifica a iniciar a prática profissional de Reiki.

Entretanto, o Mestre pode acrescentar outros temas ao programa para complementar esse núcleo. Oração silenciosa, meditação dirigida e sessões de perguntas e respostas são acréscimos comuns. Muitos Mestres consideram importante uma análise da relação íntima entre a mente e o corpo. É de grande proveito encerrar o curso com um tratamento completo aplicado por um aluno em um cliente; essa prática é especialmente útil para aqueles alunos que já são terapeutas corporais e que acrescentarão o Reiki à lista de terapias alternativas que oferecem.

Num curso de nível I, porém, não há necessidade de enfatizar outros métodos de cura alternativos, como equilíbrio dos chakras, limpeza da aura e polaridade. A tarefa do Mestre de Reiki é ensinar Reiki. Seu tempo será mais bem empregado fazendo com que cada aluno sinta a energia Reiki fluir em suas mãos e tenha confiança nas mudanças sutis de energia que sinalizam o momento de passar para a posição das mãos seguinte, em vez de transmitir informações sobre outros métodos facilmente disponíveis em outras fontes.

Finalmente, o curso de Reiki de nível I é um encontro de mentes, sendo que muitas se encontrarão pela primeira vez. Embora nossa cultura dê mostras de interesse crescente por métodos de cura alternativos, nem todos os que se interessam em aprender Reiki querem fazê-lo numa sala impregnada de cedro ou de incenso. Embora o Reiki possa ser para um aluno o coroamento de uma longa pesquisa sobre cura alternativa, para outro ele pode ser o primeiro passo. Por isso, dispersar o estudo do Reiki com detalhes de pesquisas desse tipo apresentados por um aluno ou mesmo pelo Mestre pode enfraquecer a experiência do curso para aqueles que querem simplesmente aprender Reiki.

Tudo o que alguns alunos podem fazer durante o curso é manter-se sentados, resolver suas dúvidas e seu ceticismo, ouvir as instruções do Mestre e sentir suas próprias mãos. Ainda assim, eles estão dispostos a aprender Reiki, ou então não estariam ali. Para esses alunos, o Mestre que se concentrar objetiva e claramente na simplicidade do Reiki oferecerá um apoio fundamental.

O ALUNO DE REIKI

Em uma década de prática, a maioria das pessoas que vi se interessarem por Reiki são chefes de família, pessoas que exercem atividades que não têm nada a ver com a cura, mas que querem ter condições de tratar os filhos, o cônjuge ou um parente doente. No início, poucas pessoas em cada curso já estavam envolvidas com alguma área da saúde — médicos, enfermeiras, quiropráticos, terapeutas corporais, massagistas e assim por diante —, mas nos últimos anos o número de profissionais da saúde e de áreas afins que aprendem Reiki aumentou extraordinariamente. Muitos desses profissionais resolvem aprender Reiki porque esse método de cura alternativo os ajudará a progredir profissionalmente.

Por exemplo, enfermeiras registradas na Califórnia e no Kentucky recebem uma unidade de educação continuada (CEU)* quando concluem um curso de Reiki I de doze horas ministrado por um profissional qualificado. Alguns cursos de massagem oferecem o Reiki como disciplina optativa, como parte do treinamento de quinhentas horas. Muitos alunos inscrevem-se no curso de Reiki não para obter créditos, mas simplesmente para melhorar a qualidade do atendimento ao cliente. Isso faz com que profissionais da saúde tanto alternativos como convencionais encontrem com mais facilidade emprego em hospitais, sanatórios, clínicas, consultórios médicos e quiropráticos e mesmo em *spas*.

Finalmente, algumas pessoas resolvem aprender Reiki para ter uma profissão mais satisfatória e para adotar um estilo de vida mais saudável. Quando alguém toma a decisão de aprender Reiki com esse objetivo, alguns resultados excelentes podem ser alcançados. Assim, uma escritora está à disposição de uma médica veterinária para tratamentos de emergência; um entusiasmado jardineiro hoje prospera vendendo sementes energizadas com o Reiki; alguns praticantes gravam músicas originais em cassetes para dispor de sons de fundo relaxantes durante o tratamento de seus clientes. A expectativa é que expressões criativas de talentos e habilidades individuais como essas ocorram na vi-

---

* Em inglês, *continuing education unit* (CEU).

da de qualquer praticante de Reiki que queira fazer uma mudança positiva de carreira. Embora o desenvolvimento de um negócio doméstico demande certo tempo, o fluxo da energia Reiki através das mãos, quando alguém se põe a trabalhar elucidando e estabelecendo metas, aumenta a sensação de possibilidades e pode acelerar o processo de realização.

Dentre os alunos que participam de um curso de Reiki, alguns têm consciência de estar num caminho espiritual e vêem o Reiki como um passo à frente natural. Há também os que tropeçam no Reiki, como se ele fosse uma pedra no caminho, que eles recolhem e guardam sem saber por quê. Só mais tarde percebem que extraíram um diamante bruto da crosta da Terra.

Qualquer profissão e qualquer nível de conhecimento de métodos de cura alternativos podem oferecer uma base de compreensão para o aprendizado do Reiki. Às vezes, porém, as pessoas não estão prontas, absolutamente. Ao serlhes oferecida a possibilidade de um tratamento de Reiki, elas respondem afastando a mão do praticante; ou interrompem a história que lhes está sendo contada, ou ainda simplesmente se recusam a ouvir e se afastam.

Uma jovem que veio receber um tratamento de Reiki considerando a possibilidade de participar de um curso de nível I estava assustada com o que acontecera durante a sessão. Ela se sentia bem, descansada, tranqüila, como se tivesse sentido uma força de cura emanando de Deus; e não se julgava digna de passar por uma transformação assim. Ela saiu da sala dizendo: "Sinto-me extraordinariamente bem, mas não estou preparada para aprender isso."

Um julgamento como esse pode ser um obstáculo; a superstição e o medo também podem criar um bloqueio; o orgulho do ego, quando a identidade é ameaçada, pode criar resistência. Por esse motivo, a disponibilidade é tudo. Quando a sensação de demérito arrefece, quando a confiança em si mesmo aumenta, quando a preocupação com o que outros possam pensar é avaliada adequadamente, então o aluno que decide que está pronto para aprender Reiki descobrirá que o universo apóia sua decisão de muitas formas inesperadas.

Entretanto, é importante compreender que mesmo um aluno que diz "Sim, estou pronto para aprender Reiki" pode não se sentir totalmente preparado. Afinal, não se exige que o aluno busque o Reiki acreditando que ele é eficaz; a experiência ensina isso tão rapidamente que a crença não é essencial. Um ceticismo saudável, que testa o professor com muitas perguntas, é um bom sinal de interesse e comprometimento sérios. Há espaço para muitos "Tomés descrentes" em todo curso de Reiki — cientistas que usam o método empírico para examinar seus resultados todos os dias, acadêmicos treinados para o rigor intelectual e aqueles que vivem segundo a filosofia popular do "ver para crer".

Ainda assim, você saberá quando está pronto para aprender Reiki. Você se dará conta de estar numa livraria, entre as prateleiras, passando os olhos pelas páginas de um livro de Reiki. Alguém lhe oferecerá um tratamento de Reiki para uma dor de cabeça ou para uma dor lombar, e você vai adorar o alívio quase imediato que ele proporciona. Você lerá um artigo sobre um professor que está oferecendo um curso de Reiki de que você pode participar sem nenhum problema. Ou discará o número do telefone divulgado no anúncio de um curso de Reiki: a sensação de honestidade e cordialidade da pessoa que atende o atrai imediatamente e as respostas que ela dá às suas perguntas indicam que o curso lhe proporcionará o ambiente de aprendizagem que é do seu agrado. Tudo se encaixará. O universo o apoiará em todos os seus esforços direcionados para o crescimento, a criatividade e a cura.

3

REIKI NÍVEL I:
PRINCÍPIOS BÁSICOS DA PRÁTICA

O professor de fato é a energia Reiki; é ela que, pelo processo de sintonização, transforma o participante de um curso de Reiki num praticante profissional apto a canalizar a energia de cura. Por isso, é impossível aprender Reiki lendo um livro. Entretanto, os conceitos relacionados à cura apresentados por meio da exposição oral, os métodos da prática demonstrados na maca e o conteúdo geral da troca de idéias durante o período reservado a perguntas e respostas, tudo isso pode ser comunicado sem afetar de modo nenhum a energia Reiki.

O que segue é típico das exposições orais e debates que acontecem num curso de nível I do Sistema Usui de Reiki tradicional; "típico", porém, não significa "preso a um manual". Embora um Mestre de Reiki tradicional administre quatro sintonizações, ensine as posições das mãos para o autotratamento e para o tratamento do cliente e narre a história do Reiki, as sintonizações, as posições das mãos e a história podem ser ligeiramente diferentes da forma como são apresentadas aqui. Em geral, o Mestre de Reiki apenas segue o padrão ensinado por seu professor; a única condição para que a energia Reiki flua é que ele sintonize o aluno apropriadamente. A prática de Reiki ensinará o resto.

A DESCOBERTA DE UM FUNDAMENTO COMUM

Os cursos de Reiki geralmente começam com alguns minutos de introdução. O Mestre se apresenta e talvez descreva como aprendeu Reiki. Em seguida, ele pede aos alunos para se apresentarem dizendo o nome e falando rapidamente sobre si mesmos e sobre o que os levou a estar ali.

"*O curso foi divulgado por meio de um folheto no centro comunitário. Ao ver o nome Reiki, eu soube imediatamente que queria aprender. Por isso, me inscrevi, embora não faça a mínima idéia do que é.*"

"*Um dia, na hora do almoço, uma amiga me aplicou Reiki durante alguns minutos no escritório. Eu estava com dor de cabeça; ela perguntou se eu queria que ela pusesse as mãos sobre minha cabeça e fizesse uma pequena massagem ou coisa parecida. Eu respondi que sim, pois a dor era tão forte que eu não conseguia comer meu sanduíche. Ela pôs as mãos na minha cabeça — uma na testa e a outra na região da nuca —, e foi só isso. Minha amiga não fez nenhum movimento com as mãos. Em poucos minutos, a dor desapareceu! Então eu perguntei o que ela estava fazendo, e ela disse. Na mesma hora senti que queria aprender.*"

"*Minha irmã me enviou uma cura a distância da Argentina; os resultados foram tão positivos que resolvi aprender.*"

"*No meu curso de aikidô, um homem me viu cair muito mal e torcer o tornozelo. Depois dos primeiros socorros, ele se aproximou de mim e se ofereceu para aplicar um pequeno tratamento sobre a bandagem. Eu aceitei, porque doía muito. A dor desapareceu, e a cura foi realmente rápida. Eu fiquei impressionado.*"

"*Sou enfermeira registrada e trabalho no setor de emergência. Em geral trabalho à noite, mas às vezes faço turnos dobrados. Sempre faço horas extras. Quem falou sobre esse livro foi uma médica do meu setor que aplica Reiki em alguns pacientes, e ela realmente os ajuda. Assim, tentei encontrar o livro porque queria ler as fichas dos casos atendidos por ela, mas não o encontrei. Então vi o anúncio sobre o curso neste final de semana, e lembrei que teria minha primeira folga em dois meses. A coincidência era muito grande. Inscrevi-me para o curso.*"

"*Bem, nada parecido com o que os outros disseram está acontecendo comigo no momento, mas ouvi dizer que o Reiki pode ajudar o desenvolvimento espiritual. Assim, procurei um curso e aqui estou.*"

Quatro alunos participaram do primeiro curso que ministrei — um casal que queria ajuda para enfrentar a esclerose múltipla da mulher, um massagista e uma estudante universitária que havia emigrado da Rússia para os Estados Unidos, ainda com parentes perto de Chernobyl. Essas pessoas com experiências tão diversas descobriram que tinham muita coisa para compartilhar; todas tinham um objetivo comum: aprender o método de cura do Reiki.

Esse objetivo consegue unir pessoas que de outro modo talvez nunca se encontrassem. Elas descobrem que é fácil conversar com os colegas e fazer novos amigos. Nada dilui as diferenças entre as pessoas como a energia Reiki, que é na realidade a energia do amor incondicional.

Às vezes, quem participa de um curso de Reiki se inscreveu por impulso ou por incentivo de alguém; esses participantes talvez jamais vivenciassem as sensações de energia que acompanham a aplicação de mãos de Reiki. Se o tamanho da sala permite, eu convido os alunos a deitarem na maca e sentirem a energia Reiki. Enquanto a energia flui, a troca de idéias continua, e os alunos são convidados a descrever o que sentem.

"Calor."
"Um pequeno formigamento."
"Realmente relaxado; quase adormecendo."

Quando todos tiveram a oportunidade de sentir o que é receber Reiki, voltamos para nossas cadeiras e continuamos a falar sobre o que significa ser capaz de praticar esse método de cura alternativo.

Reiki é uma palavra japonesa composta de duas partes: *rei* significa "dirigido pelo Espírito" ou "dirigido pela alma"; *ki* significa "força vital". A tradução mais comum da palavra *Reiki* para o português é "energia vital universal". Essa tradução reconhece uma importante característica da energia experimentada por todos os que trabalham com ela: a universalidade. Essa energia está disponível a todos, e é tão intensa e eficaz a ponto de levar a cura a outras espécies — e mesmo à Terra — do mesmo modo como pode curar uma pessoa deitada na maca.

No Reiki nível I, você cria uma base nova e mais ampla para sua experiência de vida. Ao terminar o curso, embora você talvez se sinta preparado apenas para aplicar a cura por imposição das mãos em si mesmo ou nas pessoas mais próximas — sua mulher/marido ou seu melhor amigo/amiga —, a eficácia da energia o incentivará imediatamente a oferecer a ajuda de suas mãos com mais freqüência.

Minha primeira experiência depois de concluir o nível I ilustra como isso pode acontecer. Na época em que fiz o curso, eu estava na faculdade; minha mente estava habituada a criticar e analisar. Ao término do curso, tive a impressão de que minhas mãos apresentavam uma sensação um tanto diferente, mas eu tinha dúvidas com relação a uma mudança real e duradoura. Minha mente intelectual não conseguia entender essa possibilidade.

Pratiquei as posições das mãos em mim mesma durante alguns dias, meio ao acaso. Então, querendo fazer uma pausa nos estudos, telefonei a uma amiga que morava numa fazenda perguntando se podia ir visitá-la. Minha amiga disse que sim, mas que eu devia preparar-me para conversarmos enquanto ela pintava, pois tinha um prazo a cumprir na criação da capa de um livro.

Falamos sobre as coisas mais variadas — livros, a arte de escrever, amores, profissão. Numa dessas conversas, ela mencionou a preocupação com sua égua, Holly, que mancava. Minha amiga já gastara todas as suas economias — 750 dólares — com o veterinário, e ele não conseguira descobrir o que havia de errado.

Ali estava minha oportunidade. "Janny, acabei de aprender uma coisa — um método de cura por imposição das mãos — e, se você estiver disposta a segurar Holly, posso tentar. Não faço idéia se vai funcionar ou não."

"Se não funcionar, não terei perdido nada", ela disse. "Segurarei Holly com o maior prazer."

Fomos à cocheira. Enquanto segurava Holly pelo cabresto e acariciava seu focinho, Janny me disse: "Se puser as mãos sobre a pata lesada, faça-o com firmeza; senão ela vai pensar que você é uma mosca e vai começar a dar coices."

Essa recomendação me bastava. Ajoelhei-me devagar e posicionei as mãos ao redor da pata de Holly. Senti minhas mãos imediatamente, o que me deixou muito surpresa. Embora eu tenha saído do curso de Reiki pensando que alguma coisa diferente poderia estar acontecendo com minhas mãos, eu não esperava a espantosa variedade de sensações que tinha agora: ondas latejantes de energia cruzavam a pata entre minhas mãos, formigamento, redemoinhos, calor. Eu "ouvia" minhas mãos atentamente, fascinada.

Alguns minutos depois, Janny interrompeu o silêncio. "Ei, veja isso. Holly deve estar gostando do que quer que você esteja fazendo. Ela firmou as patas traseiras e adormeceu."

Como eu não sabia que cavalos dormem em pé, não havia percebido essa alteração na posição de Holly. Eu estava feliz por ela sentir o efeito relaxante do Reiki. E estava também aliviada, pois diminuíra muito o perigo de eu ser confundida com uma mosca e ter minhas mãos pisadas!

Fiquei de joelhos com as mãos sobre a pata de Holly durante uns 45 minutos. Foi necessário todo esse tempo para que a intensidade da atividade energética diminuísse. Eu disse a Janny que não sabia quais seriam os resultados, mas que eu voltaria, como havia sido instruída por minha professora, pelo menos algumas vezes mais nas semanas seguintes.

Nos meus retornos, o que acontecia era muito parecido com o que ocorrera na primeira vez. Holly ficava contente de me ver, saudava-me relinchando e ficava quieta enquanto eu trabalhava sobre sua pata doente.

Então, um dia, depois de aproximadamente uma semana, Janny telefonou. "Holly expeliu três abscessos da pata e está sarando. O veterinário não consegue explicar. Ela está começando a caminhar normalmente. Eu quero aprender a aplicar Reiki."

Holly se recuperou maravilhosamente bem, e com o passar do tempo Janny pôde treiná-la para saltar e levá-la a apresentações. Janny aprendeu Reiki, chegando ao nível de Mestra. E eu me recuperei do meu ceticismo refletindo sobre o modo perfeito como o universo havia escolhido meu primeiro cliente: uma égua manca que não podia ser influenciada por nada que eu tivesse a dizer sobre o Reiki, fosse de ceticismo ou de entusiasmo, mas que podia abrir-se para receber o benefício da energia e usá-la para curar-se.

Depois disso eu me dispus a oferecer Reiki às pessoas com muito mais confiança. Não me sentia mais na obrigação de explicar coisas que estavam além da minha compreensão. Ficava satisfeita dizendo: "Veja, não sei dizer como isso funciona. Só sei que funciona. Quer tentar?"

Ray, um amigo de Janny que morava em San Francisco, aceitou, durante uma visita, que eu lhe aplicasse Reiki sobre os seios paranasais congestionados. Depois de uns vinte minutos, ele disse: "Não sei o que você está fazendo, mas esta é a primeira vez em seis meses que consigo respirar pelo nariz."

Uma mulher de 84 anos, amiga da minha família, disse que eu podia pôr as mãos sobre seu joelho machucado, inchado por causa de um edema. Depois de alguns minutos, ela disse: "Não tire as mãos. Elas dão a sensação de uma almofada quente."

Aproveitar as oportunidades de oferecer alívio às pessoas da família e a animais de estimação é uma boa maneira de começar a praticar Reiki. As pessoas da área da saúde ou de áreas correlatas terão muitas dessas oportunidades imediatamente disponíveis; as que não atuam nessas áreas terão de fazer um esforço para criar essas oportunidades. Repito, se houver um comprometimento sério de sua parte, o universo levará clientes potenciais até sua porta — ou levará você a eles.

O OBJETIVO DO REIKI

O significado do nome Reiki mais próximo do sentido japonês, força vital dirigida pelo Espírito (ou dirigida pela alma), revela algo da natureza da energia. Uma inteligência infinita, divina, dirige o processo de cura sempre que você usa o Reiki. O único esforço a fazer é pôr suas mãos sintonizadas sobre si mesmo ou sobre outra pessoa; quando você faz isso, a energia flui com intensidade e força surpreendentes, podendo realizar curas que às vezes estão além da melhor formação em cursos de medicina, embora talvez não além do amor e da esperança que habitam o coração humano. Em algumas ocasiões, a energia dirigida pelo Espírito realiza milagres, pura e simplesmente.

A maioria das pessoas perceberá, porém, que o Reiki tem um valor extraordinário mesmo quando os resultados não são tão miraculosos. Estancar rapidamente o sangue de um corte feito ao barbear-se é mundano — e prático. Pôr as mãos sobre a cabeça de sua mulher/marido durante alguns minutos e aliviar uma enxaqueca é bom — e prático. Aplicar-se Reiki por uns instantes antes de entrar para uma importante reunião de negócios é reconfortante — e prático.

É de maneiras simples assim que a maioria dos praticantes aprende a integrar o Reiki em sua vida. Quando as pessoas fazem isso, sua vida começa a mudar, porque sua compreensão mudou. Ter o privilégio de oferecer Reiki num ambiente hospitalar pode proporcionar a oportunidade de testemunhar milagres, mas aplicar mãos de Reiki a uma única flor colhida e posta num vaso e observá-la reanimar-se, brilhar com vida e durar muito mais tempo do que outras flores colhidas também nos preenche com uma sensação de admiração e assombro.

Certamente, nenhum praticante de Reiki se atribuiria uma cura milagrosa; mas todos podem se sentir felizes pela oportunidade de colocar-se a serviço e agradecidos pelo privilégio de trabalhar com esse poder dirigido pelo Espírito de qualquer modo que se apresente. Aplicar Reiki é uma atividade que preenche a alma — levando consolo, aliviando a dor, cooperando com uma força que sempre faz bem ao mundo.

A recompensa inesperada proporcionada por essa atividade é uma sensação intensa de ser orientado no sentido de curar a si mesmo e os que o cercam. Essa sensação pode tocar você na forma de uma inspiração súbita para mudar de profissão, passando de advogado a professor de jardim-de-infância, por exemplo, mas freqüentemente o toque é mais sutil: uma sensação diária, a cada momento, de ligação com a orientação espiritual. E essa sensação é sempre acompanhada pela alegria.

O PROCESSO DE SINTONIZAÇÃO

Durante um curso de Reiki nível I ministrado nos moldes tradicionais, você recebe quatro sintonizações, que lhe conferem o poder de canalizar a cura. Todas elas são exatamente iguais e aumentam o fluxo da energia Reiki em suas mãos. Como, porém, cada sintonização tem uma força transformadora e afeta tanto o corpo como a mente, as quatro sintonizações são administradas com intervalos de pelo menos duas horas a duas horas e meia entre uma e outra. Esse tempo permite assimilar a experiência da sintonização, que pode ser calma e suave ou agitada e emocionalmente intensa.

Esse é um dos motivos por que os cursos de Reiki tradicional são ministrados em dois dias pelo menos — para que o aluno tenha tempo para assimilar e integrar em si a energia das sintonizações. Além disso, dormindo com o tema na mente, o aluno possivelmente terá novas perguntas a fazer ao professor na manhã seguinte e também comentários sobre suas primeiras experiências com a cura por imposição das mãos.

O ritual de sintonização que transforma o aluno em canal para a energia de cura é antigo e sagrado. Ele é a alma do Reiki; ao longo do ritual, a energia pulsa, literalmente, curando e dando uma nova vida ao aluno. Só um Mestre de Reiki pode fazer sintonizações; ele é sintonizado para servir a esse propósito.

Segundo a tradição oral do ensino de Reiki, o ritual de sintonização não é somente sagrado, mas também secreto. Por isso, ao receber minhas primeiras sintonizações de uma Mestra de Reiki treinada por Takata, fui levada a uma sala escura e tive que manter os olhos fechados durante toda a sintonização. Isso me assustou, e o medo afetou minha experiência do ritual.

Compreendo hoje, porém, as medidas extremas adotadas para manter o sigilo do ritual de sintonização. Para dizer de modo simples e claro, ele não deve ser realizado por ninguém que não seja sintonizado como Mestre de Reiki e treinado como professor. Por que não? De um lado, porque a quantidade de energia transmitida por alguém que não é Mestre de Reiki é reduzida. De outro, porque uma pessoa que tentar fazer isso sem ser Mestre de Reiki poderá sentir muitas dores na cabeça, nas mãos, nos braços e nos ombros durante as tentativas da energia de passar por canais que não foram suficientemente abertos. Essas dores certamente diminuem com a aplicação de Reiki nas áreas afetadas. Entretanto, para que arriscar consequências incertas e dolorosas com uma experiência assim? Isso é abusar de algo que é sagrado.

Um Mestre de Reiki habilitado realiza uma sintonização tendo consciência clara da natureza transformadora desse ato e está em condições de oferecer à pessoa sintonizada uma base sólida de compreensão espiritual e apoio emocional. Embora muitos Mestres de Reiki tradicionais ainda considerem o ritual de sintonização como algo sagrado, um número cada vez maior deles vem questionando a validade do sigilo total dessa cerimônia e, por isso, informa previamente aos alunos como ela se desenvolverá.

Minha primeira sintonização poderia ter sido bastante diferente se eu tivesse sido informada do que iria ocorrer. Minha coragem não teria vacilado, e meu coração teria palpitado menos. Em vez disso, sem nenhuma explicação sobre o que estava para acontecer, procurei seguir as instruções ao pé da letra. Com os olhos totalmente fechados, suportei a experiência da sintonização com fúria apavorada. Se isso não tinha nada a ver com religião, por que minhas mãos foram postas na posição de oração? Esse pensamento ocupou minha mente o tempo todo. Como conseqüência, em vez de ver belos redemoinhos de luz púrpura, como alguns colegas, eu "vi vermelho". Só depois de voltar à sala principal e ficar sentada durante alguns minutos em meditação silenciosa com meus colegas, eu me dei conta de que minhas mãos podiam sentir de um jeito diferente.

Sempre que me lembro dessa experiência, fico triste. Eu sei que minha professora estava respeitando lealmente o voto de sigilo feito a Takata, mas eu teria ficado muito mais à vontade se ela tivesse descrito brevemente como seria o ritual.

Com o objetivo de poupar a meus alunos as distrações de uma mente irrequieta, faço questão de apresentar-lhes uma descrição geral do ritual de sintonização — tudo o que um observador externo poderia ver. Esclareço que a transformação misteriosa e maravilhosa que acontece durante o processo de sintonização — e durante grande parte do ritual propriamente dito — não é visível a um observador. Mestre e alunos se preparam tirando jóias, óculos e sapatos. Tiram-se as jóias e os óculos porque o metal atrai a energia; o aluno é que será sintonizado, não suas jóias. Tiram-se os sapatos para que a energia possa fixar-se ao contato com a Terra.

Em seguida, o Mestre pede ao aluno que sente numa cadeira, com os pés apoiados totalmente no chão, as mãos juntas, as palmas unidas. O aluno é informado de que pode manter os olhos abertos ou fechados, mas que provavelmente sentirá a sutileza e a beleza da sintonização com mais intensidade se estiver de olhos fechados. Isso facilita a concentração e permite que o olho da mente veja imagens e cores, do mesmo modo que o escurecimento da sala de cinema faz com que o filme, pelo contraste, pareça brilhante e dramático. O Mestre então se posiciona bem na frente do aluno, com os pés inteiramente apoiados no chão, as mãos juntas, as palmas unidas, e faz uma breve oração. Terminada a oração, o Mestre levanta as mãos, como levantamos uma antena para receber ondas de rádio. De fato, algo muito parecido com isso está realmente acontecendo.

O Mestre dá uns passos em torno do aluno, no sentido anti-horário, baixa as mãos sobre a cabeça deste, num gesto de bênção, e pede permissão espiritual para continuar. Ao recebê-la, o Mestre levanta uma mão e, com a outra, faz uma série de símbolos sobre o topo da cabeça do aluno. Esse ato abre o centro de energia na cabeça para receber a energia Reiki de cura.

Então o Mestre dá mais alguns passos até ficar novamente na frente do aluno. Com uma das mãos, ele segura as mãos juntas do aluno, e com a outra ele traça alguns símbolos na região do coração, da garganta e da testa do aluno.

Finalmente, o Mestre separa as mãos do aluno e bate levemente nelas, uma por vez. Depois de sintonizá-las, ele põe a mão direita sobre o ombro esquerdo e a mão esquerda sobre o ombro direito do aluno, para que este possa começar a sentir o fluxo da energia Reiki passando das mãos para o corpo. Concluída essa etapa, o Mestre continua seu giro até ficar novamente às costas do aluno. Ali, ele faz uma oração de agradecimento e alegria pelo fato de o aluno estar repleto de energia Reiki. Esse ato encerra o ritual de sintonização.

Quando termino uma sintonização, ponho-me diante dos alunos e digo aos que têm os olhos fechados que podem abri-los quando quiserem. Pergunto aos que usam óculos se querem tê-los de volta. Em seguida, ofereço um copo de água para ajudar o aluno a voltar ao estado de consciência habitual; a água propicia uma sensação refrescante e de limpeza através do centro do corpo que está formando sua base.

Peço então aos alunos que descrevam o que sentiram.

"Tive uma sensação de pressão quando você ficou na minha frente, e comecei a ver cores variadas quando você se afastou. Quando você voltou a ficar na minha frente, senti uma quentura nas mãos."

"Não sei se senti alguma coisa diferente. As pontas dos dedos parecem formigar um pouco. Mas isso é tudo."

"Ouvi um som de gongo e vi uma luz púrpura realmente bela."

"Houve um lampejo de luz branca. Então apareceram todas as cores do arco-íris. Foi realmente espetacular."

"Senti calor na região da nuca, num lado. Ele ainda continua. Sinto uma pulsação na ponta dos dedos."

"Não sinto nenhuma diferença. Está certo isso?"

Está certo. A primeira sintonização pode propiciar uma abertura extremamente forte para um aluno que esteja preparado para ela. Mas isso é raro. A maioria das pessoas tem uma leve sensação de energia fluindo pelas mãos ou na cabeça, mas algumas não sentem nada. Não se preocupe. A energia se torna mais perceptível com cada sintonização.

MÃOS DE REIKI

Se você já teve a oportunidade de receber um tratamento de Reiki, conhece por experiência o quanto ele relaxa e acalma. Esse pode ser seu motivo para aprender Reiki — propiciar essa experiência de tranqüilidade a familiares, amigos e clientes.

Mas sua sensibilidade ao tratamento recebido pode ser mais precisa e detalhada. Você pode ter entrado em contato com várias sensações: um aquecimento agradável na área ou nas proximidades da área tocada pelas mãos do praticante; formigamento, ondas ou um fluxo suave da corrente de energia de cura; um calor intenso; uma sensação de leve pressão ou movimento, embora o praticante lhe garantisse que não o estava massageando e que mantivera as mãos paradas. Junto com isso, você pode ter percebido que sua respiração se tornou mais livre, sua pulsação, mais constante e forte, e sua digestão, mais rápida.

Como praticante de Reiki recém-sintonizado, você agora vai vivenciar essas sensações como o fluxo da energia através de suas mãos sintonizadas. As sensações que você perceber serão naturais, e muitas já lhe serão familiares. Você conhece a sensação da mudança de temperatura nas mãos; conhece a sensação de formigamento, pois muitas vezes em dias frios você esfregou as mãos para mantê-las aquecidas; conhece a sensação de entorpecimento, pois ao manter a mão ou o braço, por exemplo, na mesma posição durante algum tempo eles ficam amortecidos e "adormecem". Todas essas sensações do fluxo energético em suas mãos são conhecidas e fáceis de descrever.

Com cada sintonização que você recebe, porém, suas mãos se tornam canais mais fortes e regulares para o fluxo da energia de cura. Você registrará esse fluxo de energia tendo como critério essas manifestações conhecidas e algumas manifestações novas que são extensões naturais das que você já conhece. Por exemplo, talvez você esteja acostumado a pensar que suas mãos apresentam uma amplitude pequena de temperaturas superficiais: em geral elas estão quentes, mas, quando você fica numa sala com temperatura ambiente no inverno, elas esfriam bastante. Agora, com cada sintonização, a amplitude de temperaturas expande-se. Em geral, suas mãos estarão sensivelmente mais quentes ou mais frias ao aplicar um tratamento. Às vezes, elas poderão esquentar a ponto de aquecer o ar ao redor, como se estivessem envoltas numa nuvem de calor radiante. Outras vezes, o calor poderá concentrar-se com tanta intensidade sob a palma que você terá a impressão de tê-las perto da chama de um fósforo. Essas sensações geralmente são acompanhadas por transpiração das palmas.

Essas diferenças de temperatura ajudarão você a reconhecer as sensações que vivencia como uma expressão do fluxo de energia de cura. Às vezes a sensação de quentura ou de calor não se limita às mãos, mas parece deslocar-se para toda a região dos ombros e do tronco. Isso indica a presença de uma necessidade muito forte na pessoa que recebe a energia.

Talvez você se surpreenda, mas a sensação de frio ou de frescor também pode ser expressão do fluxo de energia de cura. Às vezes ela é agradável e refrescante; outras vezes precisa ser aceita com espírito de serviço. As sensações que se manifestam não são escolha do praticante; elas são expressões da energia de cura que, fluindo pelas mãos do praticante, vai ao encontro das necessidades do cliente. Quando a energia se faz necessária de modo diferente, ela se adapta à necessidade específica, e o praticante percebe uma mudança sutil ou mesmo marcante.

Outra sensação conhecida possível é a de formigamento. Quando a energia de cura se expressar por meio dessa forma, a sensação se manterá por algum tempo — pelo tempo que a área do corpo que está sendo tratada atrair a energia —, mas não será incômoda para você. Com freqüência você será capaz de isolar o local do formigamento com precisão. Poderá dizer ao cliente: "Sinto um formigamento debaixo do nó do meu dedo indicador direito", ou: "A área da base da palma da minha mão até o pulso está amortecida." Essas são descrições precisas de percepção da energia. No devido tempo, você aprenderá que sensações específicas como essas nos dão informações sobre a condição do cliente.

Algumas sensações parecerão novas ao praticante. Por exemplo, depois de certo tempo, quase todos os praticantes têm a sensação de ser puxados ou atraídos para o corpo do cliente. Outra sensação comum é a de um vórtice ou redemoinho de energia, com freqüência debaixo da ponta de um dedo ou na articulação de um dedo. Alguns praticantes também sentem uma onda de energia passar suavemente de uma mão a outra.

Veja, embora a maioria das pessoas não tenha percebido essas sensações nas mãos ao toque comum, elas podem ter tido sensações semelhantes quando, sentadas numa banheira, ficaram tocando a água de leve com os dedos das mãos ou puseram os dedos dos pés no fluxo do escoadouro. Essas são formas comuns que nos ajudam a perceber os efeitos da energia (na banheira, a energia do movimento num meio líquido).

Ao aprender Reiki, essas sensações se tornam familiares, habituais e significativas. Você aprende a ouvir suas mãos, que agora falarão com uma expressividade jamais percebida antes. Pode-se comparar essa mudança cognitiva com o aprendizado do alfabeto. Embora muitas pessoas aprendam a usar um número suficiente de letras para escrever seu nome antes de ir para o jardim-de-infância ou para a escola, quando passam a dispor das 26 letras do alfabeto e a vê-las combinadas de formas que se tornam mais familiares a cada dia, elas começam a ter condições de ler. Como praticante de Reiki, sua sensibilidade à energia aumentará, ampliando-se também sua percepção das sensações que acompanham o fluxo energético. No devido tempo, além de aprender a ouvir as mãos, você aprenderá também a "ler o corpo" que está sob suas mãos, como um cego lê braile — como uma linguagem que, de formas novas e significativas, possibilita a compreensão de todo um mundo.

O primeiro passo é registrar o fluxo de energia através das mãos durante a aplicação das diversas posições no autotratamento. Depois de receber a primeira das quatro sintonizações que abrem as mãos para canalizar a energia, talvez sua sensação do fluxo energético seja pequena. Com as sintonizações seguintes, porém, e com a prática, sua percepção aumentará significativamente.

Depois da primeira sintonização, ao pôr as mãos sobre si mesmo ou sobre outra pessoa, a energia começará a fluir, e suas mãos estarão ligadas. Como você ainda não está acostumado com a energia, é possível que você não perceba nada. Depois de alguns minutos, porém, a energia fluirá para você e aliviará alguns pontos de *stress*; em seguida, ela começará a fluir *através* de você. Como suas mãos estão abertas, devido à sintonização, você pode começar a perceber algumas sensações leves — talvez um pequeno aumento da temperatura, um discreto formigamento no dedo mínimo ou uma pulsação em alguma articulação. Tenha paciência com o que quer que você possa sentir, e continue ouvindo, concentrando-se nas sensações. Depois de alguns minutos, o nível de atividade energética alcançará uma intensidade tal como você nunca sentiu antes — muito além de sua velha e conhecida faixa de sensações. Esse nível de atividade energética se manterá estável pelo tempo que for necessário para o corpo se reabastecer com energia de cura. Quando esse nível começa a baixar, você pode prosseguir e passar a outra posição.

Trabalhando com um cliente ou consigo mesmo, quer num tratamento completo ou numa única aplicação local, esse é o padrão básico do fluxo de energia que você ouvirá em suas mãos: um único ciclo completo que começa com contato, aumenta até uma atividade perceptível, estabiliza-se e começa a diminuir quando a área tratada ou o corpo recebe a quantidade de energia terapêutica necessária.

Depois de certa prática você aprenderá que o grau de atividade em suas mãos corresponde ao grau de saúde, de lesão, de doença ou à natureza aguda ou crônica de uma enfermidade. Uma lesão antiga, mas grave, atrairá um grande fluxo de energia, especialmente se não sarou completamente ou bem. Uma condição aguda pode criar um nível de atividade intenso, mas breve e complexo; uma condição crônica também criará um nível de atividade intenso, mas por um período consideravelmente maior. Embora suas mãos lhe digam que uma área concentra uma dor severa, aguda ou crônica, elas não lhe dirão quando a lesão aconteceu, quando a doença foi contraída ou quando uma condição se tornou sistêmica. A energia não está limitada por nossos conceitos de tempo cronológico linear; por exemplo, se uma lesão no joelho ocorrida dez anos atrás precisa ser tratada mais do que uma indisposição diária relacionada com o *stress*, como uma dor de cabeça, por exemplo, o nível de atividade energética nas mãos será mais intenso sobre o local da lesão no joelho do que sobre a cabeça.

À medida que você for ficando mais à vontade com essa nova sensibilidade ao fluxo da energia através das mãos, você se pegará fazendo afirmações e perguntas que o surpreenderão. Talvez você pergunte: "Sinto uma linha bem perceptível de atividade energética passando pelas articulações dos meus dedos. Essa sensação é diferente da que sinto nas outras partes da mão. Será este o ponto de uma lesão?" O cliente com freqüência confirmará a impressão que você teve dizendo algo como: "Sim, fraturei esse osso jogando beisebol quando eu era criança", ou: "Fiz uma cirurgia nessa área alguns anos atrás. É espantoso que você sinta isso."

É espantoso, e absolutamente normal, você ter esse grau de sensibilidade ao fluxo de energia. A sintonização de Reiki literalmente expande a percepção consciente: a sensibilidade à energia aumenta; os sentidos externos, principalmente os táteis e cinestésicos, aguçam-se; e a ligação interior com a consciência superior, especialmente por meio da intuição, fortalece-se.

Por isso, muitos praticantes de Reiki se dão conta de que a aplicação de Reiki em si mesmos e em outras pessoas remove certos problemas de personalidade; cooperar com a canalização da energia de cura é pôr-se conscientemente à disposição de uma ligação espiritual mais forte, mesmo que seja só por um instante. Essa é uma experiência de meditação, embora o foco sejam as mãos, e não a respiração, e o propósito seja a cura prática, e não a iluminação espiritual.

O TRABALHO SOBRE SI MESMO E SOBRE OS OUTROS

Talvez o que o leve a interessar-se pelo Reiki seja acima de tudo o fato de você cuidar de pessoas e querer que elas conservem sempre uma boa saúde; a par disso, porém, lembre-se de trabalhar consigo mesmo todos os dias. Por quê? Há muitas boas razões para isso: você estará mais bem preparado para lidar adequadamente com as crises e o *stress* de todos os dias; sua aparência de bem-estar exercerá um efeito tônico sobre todos os que o cercam; quando você atender pessoas portadoras de alguma lesão, doença ou enfermidade, sua saúde sólida lhe permitirá ajudá-las sem exaurir-se; o fato de estar bem de saúde fará com que você se sinta bem. E a razão mais prática? Quando o praticante está saudável, a energia Reiki flui mais rapidamente de suas mãos para a pessoa que ele trata.

Embora muitos de nós tenhamos sido educados na crença de que é melhor dar do que receber, a prática do Reiki mostra que dar e receber a energia de cura são ambas ações abençoadas que devemos usufruir com equilíbrio. O Reiki funciona fluindo através de um canal, mas, para fluir, ele antes precisa preencher. Quando você necessita de energia por estar sob *stress* ou por não se sentir bem, antes de mais nada a energia trabalhará para reduzir seu *stress* e sintomas — não eliminando-os totalmente, mas diminuindo sua importância para a mente consciente. Então, através de suas mãos, a energia começará a fluir para o cliente. Em outras palavras, o *stress* e o mal-estar retardam a sensação do fluxo de energia de cura nas mãos e o início do efetivo envio da energia de cura para a pessoa que busca tratamento.

O *stress* retarda o envio da energia até mesmo no autotratamento. Depois de um dia de trabalho estafante, se você resolve aplicar-se um tratamento ao chegar em casa, certamente suas mãos estarão mais lentas para se ligar do que no autotratamento da manhã. Essa demora pode ser breve, se você se aplicar tratamentos diários sistemáticos, mas pode prolongar-se por cinco, dez ou até vinte minutos se você tiver perdido o hábito de aplicar-se Reiki todos os dias ou se o *stress* for muito intenso. Tenha paciência quando isso acontecer. Depois de receber a quarta e última sintonização no curso de Reiki nível I, você tem mãos de Reiki pelo resto da vida. A energia começa a fluir logo que você posiciona as mãos sobre si mesmo, ou sobre outra pessoa, com a intenção de aplicar um tratamento; entretanto, ela sempre irá ao encontro de suas necessidades de cura, até certo ponto, antes de você sentir o fluxo através das mãos. Vou dar um exemplo. Certa noite, durante uma visita a um amigo que faria uma exposição de seu trabalho num festival de arte no dia seguinte, tive a oportunidade de tratar uma pessoa que sofria de um dente do siso incluso. Eu me levantara às cinco da manhã e estivera muito ocupada o dia inteiro ajudando meu amigo a montar seu estande e a fazer outros preparativos. Bebera muito café ao longo do dia para manter-me ativa. Já era uma hora da madrugada quando alguém me pediu para tratar a dor de dente desse homem, e eu mal conseguia ficar com os olhos abertos. Sem condições de aplicar um tratamento completo, pus as mãos sobre o rosto do homem, na área dolorida. Esperei. Não aconteceu nada. Dez minutos se passaram; eu ainda não conseguia sentir o fluxo de energia de cura em minhas mãos. Nesse momento fomos interrompidos, e por isso quebrei o contato; pedi desculpas ao homem por não conseguir aliviar seu mal-estar. Alguns minutos depois, meu amigo, que também conhece Reiki, entrou na sala e se ofereceu para continuar o tratamento. Suas mãos se ligaram imediatamente, e ele conseguiu aliviar a dor do homem. Meu amigo é um notívago consumado e freqüentemente vai dormir quando eu, de hábitos diurnos, estou levantando. No dia seguinte, depois de uma noite de sono decente, minhas mãos se ligaram rapidamente como sempre — segundos depois do contato físico. Nas primeiras horas da madrugada, quando eu estava cansada, elas não se comportaram desse modo. Eu poderia ter esperado mais cinco ou dez minutos até que a energia Reiki que circula em mim fosse suficiente para aliviar minha sensação de *stress* e fluísse pelas mãos, mas, como fomos interrompidos, isso não aconteceu. Essa demora em enviar a energia de cura pode acontecer sempre que o praticante estiver muito cansado, mesmo que ele tenha muita prática.

Normalmente o fluxo de energia Reiki começa com o contato físico. A comunidade reikiana tem um ditado: "Mãos postas, Reiki ativado" (*Hands on, Reiki on*). A sensação do fluxo através das mãos é imediata e fácil de perceber para o praticante que trata a si mesmo e outras pessoas diariamente. Entretanto, o fluxo começa com o contato físico também para um profissional que não pratica diariamente, que está com a saúde abalada ou que está muito cansado. Nessas circunstâncias, o fluxo será antes dirigido para as áreas do corpo que precisam de tratamento. Esse fluxo pode ou não ser acompanhado por sensações perceptíveis de energia. Mas quando a energia de cura começa a fluir pelas mãos, o praticante toma consciência dela imediatamente.

O autotratamento diário pode ajudá-lo a restabelecer-se e a manter-se saudável, a conservar uma atitude mental positiva e a prosseguir em seu caminho espiritual. Ao ouvir diariamente suas mãos quando trata a si mesmo e outras pessoas com Reiki, você ouve a energia da força vital guiada pelo Espírito. Testemunha algo sagrado, vital, dinâmico e de cura. Isso tem o poder de tocar o coração como uma resposta a uma oração.

O Reiki é tão prático, porém, que também é fácil situá-lo na perspectiva de um mundo real. Ele é um instrumento, uma habilidade que muitas pessoas aprendem para combater resfriados sazonais, corrimentos nasais e joelhos machucados em jogos de futebol. Para ter valor, o Reiki não precisa ocupar o centro da vida da pessoa; mesmo aplicado durante alguns minutos por dia de uma agenda apertada, ele realiza sua tarefa de suave transformação.

POSIÇÕES PADRÃO PARA TRATAMENTO

Há doze posições padrão para um tratamento de Reiki completo, e elas recebem os mesmos nomes, quer se trate de autotratamento ou de tratamento de terceiros. Há também muitas posições extras que você pode usar para tratar a si mesmo ou um cliente que as solicite.

As doze posições padrão abrangem a frente do tronco, a cabeça e a parte posterior do tronco. Assim, todos os órgãos importantes do corpo recebem a energia Reiki. Essas posições foram codificadas por Chujiro Hayashi no início do século, em sua clínica no Japão. Os profissionais que atuavam nessa clínica em geral trabalhavam sobre um cliente em duplas, um começando na parte anterior do tronco e o outro na cabeça. Hoje, muitos Mestres de Reiki ensinam as posições padrão começando na frente do tronco, enquanto outros começam pela cabeça.

Ensino meus alunos como fui ensinada, ou seja, começando na frente do tronco. Há ocasiões, porém, em que é apropriado e recomendável começar pela cabeça. Por exemplo, se o cliente se queixa principalmente de problemas nos seios paranasais, e esses problemas o estão estressando, o alívio será obtido mais rápida e eficazmente enviando Reiki para os seios bloqueados (cobertos pela primeira posição de mãos na cabeça), e não para as glândulas supra-renais (cobertas pela primeira posição de mãos no tronco), que liberam adrenalina para ajudar-nos a lidar com o *stress*.

É recomendável que todo praticante de Reiki comece o tratamento com a primeira posição de mãos ensinada por seu professor, desviando-se dessa tradição somente quando suas próprias necessidades ou as necessidades do cliente recomendarem decisivamente um encaminhamento diferente à mente consciente. É importante ficar muito claro que não se trata de deixar que a intuição dirija a posição das mãos; trata-se, sim, de cuidar de modo prático e eficaz de um sintoma que se expressa com mais intensidade. Por exemplo, ao tratar alguém que sofre de epilepsia infantil, com tendência a ataques freqüentes, é mais apropriado começar o tratamento nos pés para equilibrar e estabilizar as emissões energéticas erráticas que ocorrem no cérebro; ao tratar um cliente com falha cardíaca congestiva, é mais lógico tratar antes o coração para estimular a circulação para as demais regiões do tronco, a cabeça e as extremidades. No entanto, um tratamento de Reiki que siga estritamente as posições padrão das mãos trará todos os benefícios esperados.

As doze posições codificadas por Hayashi permitem um tratamento completo e eficaz aplicável aos principais órgãos do corpo com grande economia de tempo, quer as posições comecem na frente do tronco ou na cabeça. Braços, pernas, mãos e pés também recebem alguma energia Reiki durante e depois de um tratamento, porque essa energia vai para a parte do corpo onde ela é necessária.

Embora a ciência ainda desconheça o processo que regula essa distribuição de energia de cura, parece seguro supor que o Reiki usa os sistemas circulatório e nervoso para deslocar-se e difundir-se (embora mãos de Reiki experientes saibam claramente que a energia não se limita a esses sistemas). A sensação produzida pela energia ao deslocar-se do tronco para os dedos dos pés, por exemplo, pode ser bastante perceptível. Ao tratar a si mesmo, você pode sentir esse deslocamento como uma linha em movimento ou como uma faixa de calor ou de formigamento que sai de suas mãos e vai para outra área do corpo; ao tratar um cliente, se ele sentir um movimento de energia com essas características, talvez saia do estado de relaxamento para descrever a sensação: "Quando você movimenta as mãos, sinto uma onda de energia descer pela perna; essa perna vem me incomodando muito desde o acidente que tive na última primavera."

Sabendo que a energia Reiki vai para onde ela é necessária e que um tratamento completo com as doze posições faz com que isso aconteça, a maioria dos praticantes não perde tempo aplicando posições extras em si mesmos, a não ser que tenha um motivo especial para isso. O mesmo princípio se aplica ao tratamento de um cliente: as doze posições padrão são suficientes para um tratamento completo; se, porém, praticante e paciente dispuserem de tempo e o desejarem, o praticante pode acrescentar posições extras na área superior do peito, na garganta e nas extremidades para fortalecer os benefícios da cura.

O Reiki lhe oferece a oportunidade de curar a si mesmo e às outras pessoas em todos os níveis do ser — físico, emocional, mental ou psíquico e espiritual. É imensa a satisfação de ver a si mesmo e outros com mais saúde, concretizando habilidades criativas e buscando realizar sonhos antes adiados. Em última análise, você pode usar o Reiki para encontrar a felicidade, pois felicidade e saúde andam de mãos dadas.

Autotratamento com Reiki

Um autotratamento diário completo consiste em enviar energia Reiki a partir de cada uma das doze posições padrão, começando com as quatro posições incluídas no Básico I, na parte anterior do tronco, continuando com as quatro posições que compõem o Básico II, na cabeça, e terminando com as quatro posições que constituem o Básico III, nas costas. Embora algumas posições padrão (como também algumas extras) sejam aqui descritas com certo detalhe anatômico, não é necessário conhecer anatomia para tratar a si mesmo ou outras pessoas com Reiki. Basta você posicionar suas mãos sintonizadas sobre o corpo e ouvir o fluxo da energia para saber claramente quais áreas precisam ser tratadas e quanto tempo você precisará ficar em cada posição.

POSIÇÕES BÁSICAS DAS MÃOS

A melhor maneira de aprender as doze posições padrão é vê-las demonstradas numa rápida apresentação na sala de aula, memorizando o local específico e os movimentos. Adquirida certa segurança com relação a cada posição, você pode representá-las em si mesmo, não se preocupando com as sensações da energia, mas apenas exercitando o modo de colocar as mãos. Depois de obter certo domínio, mantenha cada posição por mais tempo, procurando ouvir suas mãos e sentir o fluxo da energia de cura do Reiki surgir, aumentar até um nível estável de atividade e em seguida diminuir gradual ou subitamente, indicando o momento de passar à posição seguinte. Esse ciclo possibilita ao corpo receber a quantidade de energia que ele naturalmente atrai para formar uma base energética que promova a cura, estabilize-a e a faça crescer. Você faz isso ouvindo suas mãos, e não olhando para o relógio — nem dando atenção à voz da intuição — para concluir que suas mãos ficaram em determinada posição o tempo suficiente.

Para se aplicarem um autotratamento, muitos praticantes põem o despertador para acordar cedo; outros preferem tratar-se logo antes de dormir. A energia Reiki passa por pijamas, camisolas e lençóis, de modo que não há necessidade de fazer nenhuma preparação especial para trabalhar consigo mesmo. Apenas acorde-se ou prepare-se para dormir como faz normalmente, posicione as mãos de Reiki e relaxe. Não estabeleça como meta passar por todas as posições. É melhor manter uma única posição com profundidade do que fazer um tratamento corrido e apressado sem prestar atenção ao fluxo suave e calmante da energia. Sinta o que acontece e seja agradecido.

Básico I, Posição 1 (Figura 1)

A primeira posição na parte anterior do tronco abrange quase toda a área inferior da caixa torácica. Para marcar o limite superior dessa posição, localize a extremidade inferior do esterno. Procure sentir a pequena porção de osso mais grosso sob a ponta dos dedos (ver ilustração 1). Em algumas pessoas, esse osso, chamado de processo xifóide, pode ser nodoso, sendo encontrado com bastante facilidade; em outras, ele é mais achatado e difícil de localizar. Se for difícil encontrar o processo xifóide com a ponta dos dedos, vá direto para a base do esterno e use-a como ponto de partida.

Para aplicar a posição 1, estenda a mão direita, palma para baixo, polegar unido à palma e dedos unidos, sobre o lado direito inferior da caixa torácica, logo abaixo do seio, para as mulheres, ou dos músculos peitorais, para os homens. Ao mesmo tempo, estenda a mão esquerda,

Figura 1

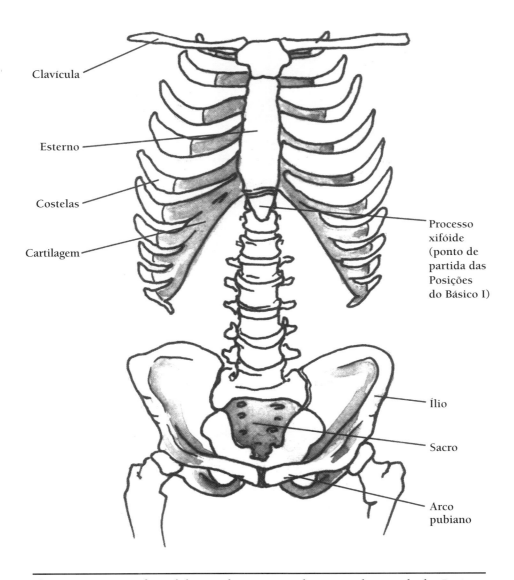

Ilustração 1: *Vista frontal do esqueleto, mostrando o ponto de partida das Posições do Básico I*

palma para baixo, polegar unido à palma e dedos unidos, sobre o lado esquerdo inferior da caixa torácica, de modo que a ponta dos dedos da mão esquerda toquem, sem se sobrepor, os dedos da mão direita na linha central vertical do corpo. Pondo corretamente as mãos nessa posição, você percebe que elas envolvem ligeira e confortavelmente a parte inferior do peito.

O toque de Reiki aqui beneficiará os ossos inferiores da caixa torácica, o diafragma, os pulmões, o fígado, o estômago, o pâncreas (atrás do estômago) e o baço. Atrás desses órgãos, as glândulas supra-renais e os rins receberão os efeitos de cura da energia. O sangue que desce do coração pela aorta abdominal e outras artérias importantes para abastecer esses órgãos será purificado no fluxo da energia de cura antes de circular pelo corpo e retornar ao coração. As vias nervosas que chegam a esses órgãos procedentes da medula espinhal receberão o impulso para acelerar todos os processos naturais de cura em andamento: por exemplo, a digestão levará menos tempo, e os níveis de açúcar no sangue se estabilizarão mais rapidamente.

Como a posição 1 do Básico I abrange alguns dos órgãos que apresentam maior sensibilidade ao *stress*, muitos canais de Reiki a adotam para criar uma sensação de relaxamento e desenvolvem modos diversos de enviar-se esse fluxo calmante em situação de *stress*. Por exemplo, durante uma reunião de negócios o canal de Reiki pode sentar-se com os braços cruzados sobre o peito — não para indicar "estou fechado" para os colegas de profissão, mas simplesmente para vivenciar as sensações relaxantes do fluxo de energia que alivia sua tensão.

Canais de Reiki que se aplicam tratamento antes de dormir à noite freqüentemente relaxam tão profundamente com as mãos na posição 1 que adormecem sem conseguir passar para a posição 2. Isso talvez não seja tão surpreendente assim; o que surpreende, porém, é despertar várias horas mais tarde e descobrir que você dormiu de costas, cotovelos para os lados como asas, as mãos na primeira posição; e perceber ainda que você dormiu bem e se sente renovado e lúcido. Essa é uma constatação interessante para contrapor às descobertas feitas pelas pesquisas sobre o sono que concluem que o adulto mediano se remexe umas vinte vezes na cama durante o sono, a cada noite.

Básico I, Posição 2 (Figura 2)

Numa pessoa com altura e peso médios, a segunda posição cobre a área que vai da parte inferior da caixa torácica até logo acima da cintura. Naturalmente, nem todos têm altura e peso médios. Na posição 1, uma pessoa alta, de cintura volumosa ou com peso acima da média possivelmente pousará as mãos bastante acima da cintura; na pessoa baixa ou de cintura fina talvez as mãos fiquem próximas do umbigo. Seja qual for a área abrangida por suas mãos na posição 1, o Reiki lhe dará condições de adotar todas as posições padrão e adaptá-las às características específicas do seu corpo físico. Se você for alto, por exemplo, simplesmente use mais posições para cobrir o tronco do que sua mulher, bem mais baixa. Se você for baixo, faça menos posições do que sugere o método padrão para o autotratamento.

Para passar da posição 1 para a posição 2, deixe os dedos mínimos onde estão e gire as mãos, de modo que fiquem com a palma voltada para cima. Em seguida, toque os dedos mínimos com os polegares. Esse ponto de toque, na parte inferior da caixa torácica, assinala o limite superior da posição 2. Fixe os polegares nesse limite e gire as mãos, deixando-as na horizontal e com as palmas voltadas para baixo. Finalmente, ainda mantendo os polegares fixos no ponto indicado e unidos às palmas, dedos também unidos entre si, abaixe as palmas e encoste-as no corpo. Você está na posição 2 do Básico I.

Debaixo de suas mãos (desde a parte inferior da caixa torácica até pouco acima da cintura), os órgãos que estarão recebendo os benefícios diretos do Reiki são a

Figura 2

região baixa do estômago e o fígado — ambos órgãos grandes. Atrás deles, o ducto comum da bile e o ducto cístico fazem a ligação entre o pâncreas e a vesícula biliar, abrigada sob o fígado. Os intestinos começam com o duodeno descendo do estômago até o jejuno e o intestino delgado; o cólon transverso — parte do intestino grosso — envolve o duodeno, como que protegendo-o. Grandes artérias e veias distribuem-se pelo centro do corpo, na frente da medula espinhal; por elas circula o fluxo do sangue que vai para esses órgãos e que sai desses órgãos e dos rins. Os rins filtram os detritos fluidos do corpo, que são levados pelos ureteres desde os rins até a bexiga.

Como a posição 1, a posição 2 também é um ponto importante para o alívio do *stress*. Como revela nossa linguagem, as emoções que sentimos como reação aos eventos estressantes em geral se expressam em nosso corpo. Muitas pessoas falam em "engolir a raiva", "ter um buraco no estômago" ou se queixam de estar com o "estômago queimando". O Reiki acalma, tranqüiliza, relaxa — e à medida que o corpo físico reage, reage também o corpo emocional.

Básico I, Posição 3 (Figura 3)

Essa é a posição do "riso da barriga". Ela cobre a área que vai desde logo acima até logo abaixo da linha da cintura, com as pontas dos dedos tocando-se sobre o umbigo.

Figura 3

Fazemos a posição 3 do mesmo modo que fizemos a posição 2. Da posição 2, mantendo os dedos mínimos imóveis junto ao corpo, como se fossem eixos fixos, gire as palmas de modo a ficarem viradas para cima. Toque os dedos mínimos com os polegares. Agora são estes que servem de eixos fixos: gire as mãos, deixando as palmas voltadas para baixo. O ponto onde os polegares ficam imóveis corresponde ao limite superior da posição 3. Mantendo essa linha, abaixe as mãos, encostando as palmas no abdômen, dedos unidos entre si e polegares junto às palmas. Esta é a terceira posição.

Sob suas mãos, debaixo da pele macia da barriga, a massa do intestino delgado e partes do cólon ascendente à direita e do cólon descendente à esquerda receberão o benefício direto da energia Reiki. Os rins, que flutuam ritmicamente para cima e para baixo numa faixa de aproximadamente 25 centímetros, podem deslocar-se para baixo com a expiração dirigida para essa área; ureteres, que descem dos rins até a bexiga, são banhados pelo fluxo de cura da energia. A artéria mesentérica inferior transporta o sangue desde o coração até essa área, e a veia cava inferior o remete de volta. Artérias e veias menores e muitas vias nervosas também irrigam essa área com sangue. Com as mãos nessa posição, você pode sentir a energia distribuir-se, seguindo por essas vias até outras partes do corpo.

Básico I, Posição 4 (Figura 4)

A última posição do grupo Básico I abrange a parte inferior do abdômen, desde a borda da pelve até a ponta do osso pubiano. É fácil passar para essa posição sem levantar as mãos: apenas deslize-as para baixo até formarem naturalmente um **V** na parte interna dos ossos do quadril. Na base do **V** as pontas dos dedos se tocam, mas as mãos não ficam em linha reta sobre o abdômen; elas se inclinam para baixo, seguindo os contornos naturais do corpo.

Com as mãos nessa posição, a energia Reiki fluirá diretamente através da pele e dos músculos abdominais até o trato intestinal. Debaixo da mão direita estarão o cólon ascendente (parte do intestino grosso) e o apêndice; debaixo da mão esquerda estará o cólon descendente. Para a mulher, os dedos polegar, indicador e médio de ambas as mãos cobrem os ureteres e a bexiga, como também os ovários, as trompas de Falópio, parte do útero, a cérvix e a vagina. Para o homem, os dedos polegar, indicador e médio de ambas as mãos cobrem os ureteres e a bexiga, e também a próstata, as vesículas seminais e o canal deferente. Debaixo do trato urinário e dos órgãos da reprodução, o cólon sigmóide, último segmento do intestino grosso, que desce até o reto, também recebe a energia Reiki.

Como para muitos canais de Reiki, essa posição pode ser bastante confortável também para você, quer o fluxo em suas mãos dê a sensação de uma manta, quer ele apresente variações mais sutis. Um canal de Reiki que tenha dado à luz ou se submetido a uma histerectomia pode sentir diferenças na energia que flui pela ponta dos dedos polegares, indicadores e médios, posicionados diretamente sobre os órgãos da reprodução, e dos dedos anular e mínimo, que ficam diretamente sobre a bexiga. As diferenças podem ser bastante grandes no início, mas o fluxo acabará por se estabilizar e descer a um nível de atividade mais baixo, sinal que o corpo emite para dizer que ele tem energia suficiente para realizar a cura e que você pode passar à posição seguinte — a posição 1 do Básico II (na cabeça) ou uma posição extra na frente do corpo. (O capítulo 5 descreve posições extras possíveis.) Ao tomar essa decisão, deixe-se guiar pelas sensações energéticas em suas mãos, mais do que pela lógica ou pela intuição. Se a posição 2 do Básico I apresentou uma grande absorção de energia e você teve uma gripe recentemente, então você pode aplicar a posição extra sobre o esterno (descrita em detalhes nas páginas 72-73); essa posição influencia o timo, a glândula endócrina que produz as células T que combatem a infecção (ver ilustração 2). Se uma leitora tiver sentido uma absorção intensa na posição 4 do Básico I e estiver no período pré-menstrual, ela pode aplicar as posições extras sobre o centro do abdômen, diretamente sobre o útero.

Mesmo sem usar posições extras, o autotratamento diário constante apenas com as doze posições padrão fará maravilhas para manter o bem-estar durante todos os ciclos naturais do corpo. Dia após dia a energia se distribuirá para as áreas que dela necessitarem, quer você sinta isso acontecendo ou não. Esse é um meio extraordinário de conservar a saúde.

Figura 4

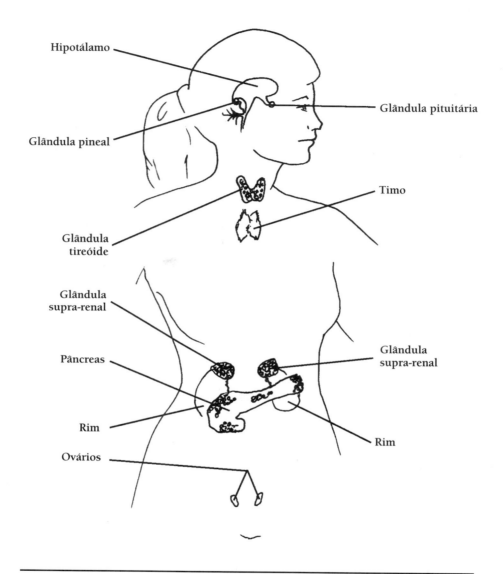

Ilustração 2: O Sistema Endócrino

Básico II, Posição 1 (Figura 5)

A posição 1 do Básico II abrange a testa, os olhos, parte do nariz e as maçãs do rosto. Essa posição tem a simplicidade do jogo de esconde-esconde — com os dedos unidos, polegares junto às palmas, levante as mãos e coloque-as sobre os olhos, fazendo com que se toquem no meio da testa: o dedo mínimo da mão direita toca o mínimo da mão esquerda; as palmas se separam naturalmente sobre o nariz. A base das palmas fica nivelada com a parte inferior do nariz.

Essa posição cobre o tecido da pele, o músculo, o osso (frontal) da testa, as órbitas dos olhos e os olhos, o osso nasal, o septo, os seios paranasais e o maxilar superior, o osso que serve de âncora para os dentes superiores. Ela também abrange a frente do cérebro, que inclui os lobos frontais dos hemisférios cerebrais direito e esquerdo — a parte do cérebro que governa as faculdades da linguagem, da compreensão e da solução de problemas e vários aspectos da personalidade.

Aplicar-se Reiki nessa posição é uma forma natural e eficaz de aliviar a dor de cabeça. Ela também alivia os sintomas de resfriados, de infecções dos olhos ou dos seios paranasais, de um acesso de febre do feno, de alergias e de quaisquer outras infecções que possam afetar o sistema respiratório superior. Essa posição é também um bom "despertador" para olhos e mente cansados e estimula o estado de alerta mental.

Básico II, Posição 2 (Figura 6)

Para passar da posição 1 para a posição 2 do Básico II, use os polegares como ponto de referência. Afaste as mãos na direção externa da cabeça (como mostrando-se no jogo de esconde-esconde) e toque os dedos polegares com os mínimos. Levante os polegares e transforme os mínimos em marcadores do limite anterior da posição 2. Assente as mãos, palmas tocan-

Figura 5

Figura 6

do as têmporas e as maçãs do rosto, dedos retos e unidos, polegares em contato com as palmas. Sinta a energia Reiki fluir nas regiões laterais da cabeça.

Sob suas mãos — sob a pele das têmporas, das maçãs do rosto e do couro cabeludo — os ossos frontal, temporal e parietal do crânio se encontram em cada lado da cabeça, e os lobos frontal, temporal e parietal de cada hemisfério do cérebro se unem. Aqui, o cérebro dá sentido às informações motoras e sensoriais. Vias nervosas e sangüíneas para os olhos, nariz, ouvidos e boca passam por essas áreas. De modo particular, o nervo craniano trigêmeo, responsável pelas sensações e movimentos musculares faciais, se ramifica sobre a superfície do crânio, em torno das órbitas oculares, estende-se até os olhos e as cavidades nasais e acompanha a linha da mandíbula.

Fixos no fundo do crânio, mas ainda acessíveis à energia, os nervos ópticos, mensageiros das impressões sensoriais visuais ao cérebro, se deslocam da parte posterior da retina de cada olho até um cruzamento chamado de quiasma óptico (logo à frente da glândula pituitária) e daí até o cérebro. Ainda mais profundos, paralelamente às bordas laterais da fissura que une os dois hemisférios, os nervos olfativos vão até os bulbos olfativos e voltam, transmitindo informações sobre odores.

Ali, debaixo do quiasma óptico, atrás dos seios paranasais, a glândula pituitária (glândula mestra do sistema endócrino), o tálamo (regulador de emoções) e o hipotálamo (mediador de mensagens referentes ao *stress* provenientes dos hemisférios) se reúnem, controlando a liberação de hormônios que vão contribuir para um crescimento saudável, para o metabolismo, a reação ao *stress* e a reprodução.

A aplicação de Reiki nessa posição leva desequilíbrios bioquímicos a um equilíbrio saudável. Tratamentos diários ajudam a manter esse equilíbrio para conservar a saúde do corpo. Essa posição também é útil para fadiga ocular aguda, dores de cabeça e congestão dos seios paranasais, prevenindo resfriados e outras infecções ou alergias, e também para condições mais graves que envolvam funções cerebrais e hormonais ou desordens mentais e emocionais.

Básico II, Posição 3 (Figura 7)

A passagem da posição 2 para a posição 3 se faz do mesmo modo como se fez da posição 1 para a 2. Usando os polegares como ponto de referência, afaste as mãos para fora e toque os polegares com os dedos mínimos. Levante os polegares e assinale com os mínimos o limite anterior da posição 3. Baixe as mãos, apoiando ambas as palmas na cabeça e cobrindo as orelhas. Os dedos das mãos mantêm-se unidos, e os polegares encostam nas respectivas palmas. Você está na posição 3.

Os órgãos dos sentidos mais importantes que recebem os benefícios dessa posição são, naturalmente, os ouvidos, delicadas espirais de carne e cartilagem que afunilam o som através dos canais auditivos para as membranas do tímpano, que vibram devido a mecanismos do ouvido médio e interno para transmitir impulsos sonoros para o cérebro através do nervo auditivo (ver ilustração 3). As espirais labirínticas do ouvido interno, embebidas de fluido, também contêm minúsculas partículas que flutuam livremente, chamadas otólitos; como a agulha de uma bússola, essas partículas nos ajudam a encontrar o "verdadeiro norte" do nosso corpo, registrando constantemente nossa posição no espaço. Essa informação também segue pelas vias nervosas até o cérebro.

Figura 7

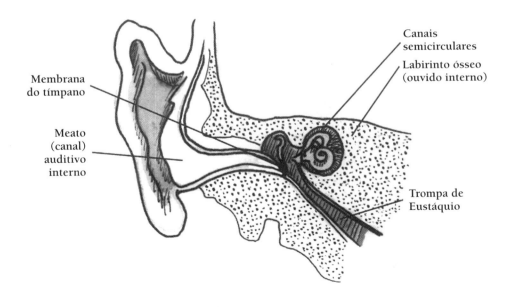

Ilustração 3: O ouvido interno

As passagens da parte posterior do nariz e da boca — o seio aéreo esfenoidal, a trompa de Eustáquio (um diminuto canal que regulariza a pressão do ar em ambos os lados da membrana do tímpano e liga o ouvido à garganta) e o palato mole — também recebem a influência das mãos nessa posição, além dos nervos que registram o cheiro, o gosto e as sensações táteis sobre a pele da face. Os lobos temporal e parietal do cérebro formam juntos um arco sobre a cavidade do cérebro médio e seu conjunto essencial de reguladores do sistema endócrino: o tálamo, o hipotálamo e as glândulas pituitária e pineal.

Mãos de Reiki aplicadas nessa posição contribuem para curar infecções dos ouvidos, inclusive as infecções virais que causam a labirintite. Essa posição também acalma a congestão nasal, alivia inflamações da garganta, restabelece o paladar amortecido por resfriados e suaviza várias formas de alergia. Condições mais graves que afetam o cérebro ou os mecanismos de regulação dentro dele também podem ser curadas por meio dessa posição.

Básico II, Posição 4 (Figuras 8 e 9)

A posição 4 compreende a parte posterior da cabeça, e é feita do mesmo modo que a posição 3. Usando os polegares como marcadores fixos, levante ligeiramente as mãos (como se você fosse formar uma concha sobre os pavilhões auditivos para escutar) e em seguida toque os dedos polegares com os mínimos. Levante os polegares, firmando os mínimos como balizas do limite anterior da posição 4. Assente as mãos, as palmas acompanhando a curvatura da cabeça, dedos retos e unidos, polegares rentes às palmas. Dependendo do tamanho de sua cabeça e das mãos, e do volume do cabelo, as mãos podem ou não tocar-se ao longo da linha central vertical da parte posterior da cabeça. (Se isso não acontecer, aproxime-as até se encontrarem, para completar a quarta posição ou como uma posição extra.)

Essa é definitivamente uma posição desajeitada para aplicar em si mesmo. Como alternativa, você pode passar da posição 3 para a 4 girando uma das mãos noventa graus para a direita e deslizando-a para baixo de modo a acomodá-la à curvatura inferior da nuca, e girando a outra

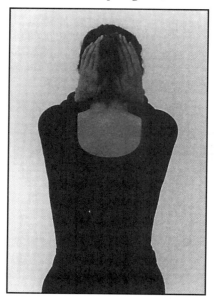

Figura 8

mão noventa graus para a esquerda e deslizando-a para cima de modo a adaptá-la à curvatura superior da parte posterior da cabeça (figura 9). Qualquer uma das mãos pode ficar na parte alta da cabeça; isso é indiferente. O importante é você enviar-se energia de cura nessa posição sem estressar o pescoço, os ombros ou os pulsos.

Com as mãos numa dessas duas posições, a que for de sua preferência, você estará dirigindo a energia Reiki para a região posterior do cérebro e para o cerebelo, o cérebro reptiliano que controla muitos dos mecanismos de sobrevivência desenvolvidos pelo ser humano ao longo de sua evolução até chegar ao *Homo sapiens*. Muitas funções do sistema nervoso autônomo absolutamente essenciais à vida são controladas dali.

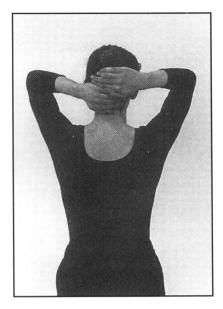

Figura 9

Com um pouco de prática e alguma oportunidade de trabalhar consigo ou com outras pessoas que estejam combatendo infecções, você perceberá que muitos mecanismos do sistema imunológico parecem ser acionados por essa área do cérebro. Por isso, o Reiki nessa posição faz muito bem para quem quer que esteja lutando contra uma infecção ou que tenha o sistema imunológico debilitado ou comprometido. Uma mão aplicada na base do crânio, combinada com uma mão colocada na testa, alivia rapidamente quase todas as dores de cabeça.

Se a posição alternativa lhe parecer mais confortável, e você a identificar com a posição que assume ao espreguiçar-se languidamente depois de trabalhar com o computador ou de ler num canto isolado da biblioteca durante algumas horas, você não se surpreenderá em saber que ela estimula a presteza física e mental.

Básico III, Posição 1 (Figura 10)

O Básico III abrange as costas, e a primeira posição é exatamente oposta à posição 1 do Básico I, na parte anterior do tronco. Para alcançar a linha inferior dessa posição, dobre os cotovelos e posicione as mãos nas costas, o mais alto possível, antes de assentá-las alguns centímetros abaixo das omoplatas. Idealmente, você deve conseguir manter os dedos unidos, formando uma faixa larga para liberar a energia, mas precisará pressionar os polegares nas laterais do cor-

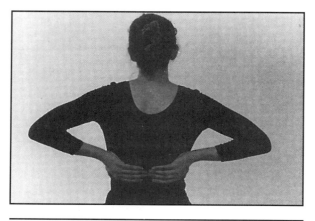

Figura 10

po para firmar as mãos no alto.

Embora essa posição seja um tanto incômoda, faça o possível para assentar bem as mãos nas costas. Com ela, você abrange a parte inferior do músculo trapézio, no ponto onde ele se estreita sobre a espinha torácica inferior, e as largas faixas do grande dorsal, que se estende sobre as costelas e sobe até as axilas. As vias nervosas nesse nível se ramificam a partir da espinha, transmitindo e recebendo mensagens do diafragma, dos rins, do pâncreas, do baço, do estômago e do fígado. Veias e artérias superficiais e profundas saem da veia cava e da aorta, que correm paralelas à espinha, e se dirigem para os órgãos localizados nessa região, fazendo circular o sangue que vai e vem do coração. As glândulas supra-renais situadas na parte superior interna dos rins, em cada lado da coluna, são acessíveis por aí. A maioria dos canais de Reiki alivia consideravelmente o *stress* enviando energia de cura para esses produtores de hormônio do tipo "lute-ou-fuja", muito solicitados em nossos dias de mudanças rápidas, alta tecnologia e grande tensão.

Básico III, Posição 2 (Figura 11)

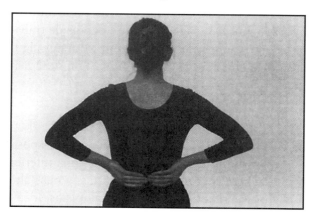

Figura 11

Para passar da posição 1 para a posição 2 do Básico III, deslize as mãos para baixo até a distância correspondente à largura da palma da mão. Essa posição é bem mais confortável que a anterior, e conseqüentemente você pode adotá-la sempre que houver oportunidade.

Sob suas mãos (desde a parte inferior da caixa torácica até logo acima da cintura), a energia passará por músculos, ossos, nervos, veias e artérias antes de chegar a alguns órgãos principais dos tratos urinário e gastrintestinal — os rins e ureteres, o pâncreas, a vesícula biliar, o fígado, o estômago e partes dos intestinos.

Todas as posições padrão nas costas refletem a posição correspondente da parte anterior do tronco. Se você seguiu exatamente a seqüência do autotratamento até aqui e ouviu a energia em suas mãos aumentar, manter um nível constante de atividade e em seguida reduzir essa atividade, talvez conclua que as costas precisam de muito pouco Reiki, uma vez que elas já o receberam quando você aplicou as posições na parte anterior do corpo.

Básico III, Posição 3 (Figura 12)

Essa posição cobre a área que vai desde um ponto logo acima da linha da cintura até um ponto logo abaixo dessa linha; as pontas dos dedos tocam-se ao longo da linha central do corpo, sobre a região dorsal. Essa posição também é muito fácil de fazer. Da posição anterior, deslize ambas as mãos para baixo até a distância correspondente à largura da mão, fazendo com que os polegares se fixem em torno da cintura.

Nessa posição, as mãos, através da pele, dirigem a energia para a fáscia muscular sobre o grande dorsal e para o sacrospinal, músculos longos e grandes sobre a região dorsal, a espinha e o sacro que sustentam movimentos de flexão e torção. Se você faz pouco exercício, porém, talvez identifique-os como sendo os músculos

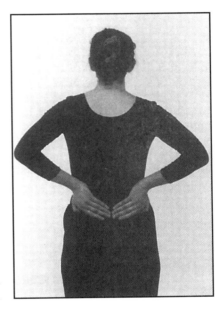

Figura 12

mais tensos — aqueles que as pessoas tocam quando dizem: "Que dor nas costas!" Debaixo desses músculos, onde as vértebras da espinha se alargam, nervos, veias e artérias sustentam os aparelhos urinário, gastrintestinal e reprodutor.

Toda pessoa com tendência a ter infecções renais ou pedras nos rins pode sentir o nível de energia aumentar enquanto os rins se deslocam para baixo nessa região. Mulheres grávidas ou que estão no período pré-menstrual ou menstrual perceberão que a aplicação de Reiki nessa posição alivia significativamente dores musculares e cólicas. Para um alívio ainda mais duradouro, mantenha as mãos nessa posição durante vários ciclos do fluxo energético.

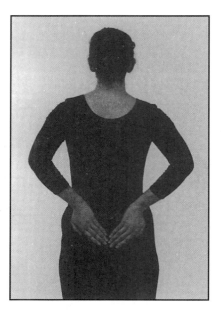

Figura 13

Básico III, Posição 4 (Figura 13)

À semelhança da quarta posição do Básico I, é muito fácil fazer a posição 4 do Básico III. Da posição 3, na qual as mãos repousam na altura da cintura e da região lombar, deslize as mãos para baixo em V. Movimente os polegares, unindo-os às palmas. As pontas dos dedos tocam-se na extremidade inferior do V, sobre o sacro, o grande osso triangular na base da espinha. Esse osso, a "pedra angular" da pelve, que se assenta entre os ossos do quadril (os ílios), é responsável pelo movimento pélvico.

Com as mãos nessa posição, a energia flui através da pele, dos músculos e dos canais ocos do sacro para os nervos ciático, do sacro, glúteo e pudendos. Esses nervos dão sustentação às funções dos membros inferiores, do trato urinário, do trato gastrintestinal e do sistema reprodutivo. Imediatamente à frente do sacro, a veia cava e a aorta, que correm paralelas à espinha até esse ponto, dividem-se e formam as veias e artérias ilíacas externas e internas. Estas fornecem sangue ao abdômen, aos quadris e às pernas e pés. Os intestinos, os órgãos reprodutores e a bexiga situam-se adiante dessas veias, no abrigo pélvico.

Aplicar essa posição em si mesmo é uma forma de compensar a vida sedentária. Sem dúvida, a energia pode penetrar mais profundamente para aliviar cólicas intestinais, diarréia, constipação ou inchaço. Pode também acalmar a dor lombar que acompanha a tensão pré-menstrual, a menstruação ou a gravidez. Freqüentemente, essa é ainda uma região de antigas lesões, algumas devidas a quedas ocorridas na infância. Mãos de Reiki aplicadas nesse ponto podem tranqüilizar a memória corporal desses traumas, como uma canção de ninar faz adormecer um bebê irrequieto.

Quando você começa a trabalhar com Reiki, seu novo compromisso com a cura provavelmente serve como um catalisador para todas as mudanças que você queira empreender tendo em vista um estilo de vida mais saudável. Por exemplo, se você vem querendo deixar de fumar ou perder peso há algum tempo, e ainda não conseguiu, talvez descubra agora que tem a força de vontade de que precisa.

Se você já fez algumas mudanças para criar um estilo de vida mais saudável e está em boas condições de saúde, trabalhar consigo mesmo reforçará a sensação de vitalidade e avivará seu estado de espírito. Um corpo saudável não requer muita energia Reiki, e assim você talvez possa tratar-se de dez a vinte minutos por dia e manter um alto nível de bem-estar.

Se você goza de boa saúde, tendo apenas indisposições passageiras, no início provavelmente precisará tratar-se por mais tempo do que sua mulher ou seus amigos mais saudáveis. O certo é que se você começar a se tratar com Reiki todos os dias, religiosamente, dores que o acompanham há muito tempo começarão a diminuir de intensidade e duração, até finalmente desaparecerem, e você passará a se sentir bem. Então, o autotratamento diário poderá ser feito em menos tempo, pois é mais fácil manter o bem-estar do que corrigir desequilíbrios menores.

Se sua enfermidade for crônica ou progressivamente debilitadora, seu tratamento diário de Reiki exigirá mais tempo — talvez de 45 minutos a uma hora, uma ou duas vezes por dia. Os resultados desse investimento de tempo, porém, serão gratificantes. Inicialmente, é provável que você sinta o alívio dos sintomas mais graves e uma redução da dor por períodos curtos. Depois, com o autotratamento diário sistemático, sintomas mais leves ficarão sob controle, e você estará livre da dor por períodos cada vez maiores. Finalmente, esses sintomas podem desaparecer por completo ou até, quem sabe, o diagnóstico de "incurável" possa ser revertido, como talvez revelem os níveis sangüíneos de anticorpos e de antígenos e outros exames médicos. Para que isso aconteça, porém, você precisa selar um compromisso com o autotratamento diário de Reiki, do mesmo modo que se propõe a seguir um tratamento prescrito pelo médico. (O método suave do Reiki de enviar energia vital dirigida pelo Espírito para o corpo físico — e para todos os níveis do ser — complementa o tratamento médico e pode efetivamente curar em circunstâncias que os médicos ocidentais consideram irreversíveis e para as quais administram medicamentos apenas para aliviar o sofrimento do paciente. Isso acontece porque o Reiki trata a causa da doença e as condições debilitadoras, e não apenas os efeitos.)

A boa saúde é uma bênção, e conseguir manter boa saúde com a ajuda de suas próprias mãos de Reiki é uma bênção e uma força interior. O autotratamento produz efeitos positivos imediatos e também efeitos secundários sutis que influenciarão sua vida durante o dia, e às vezes até durante vários dias. Além de sentir-se fisicamente melhor, você sorrirá com mais freqüência e facilidade. As pessoas ao seu redor serão mais gentis e respeitosas, e as circunstâncias que lhe dizem respeito parecerão ajustar-se como por um toque de mágica. Tudo isso é surpreendente, especialmente no início, e pode parecer um tanto misterioso.

Por que o universo lhe oferece inesperadamente tanta cooperação? A aplicação de Reiki em si mesmo muda sua energia de forma positiva. Você atrai pessoas e experiências positivas quando está envolvido (junto com toda a sua aura) pela qualidade leve e amorosa da energia Reiki. Isso está em total harmonia com o objetivo de cura do Reiki. Com o autotratamento diário, você envia cura a si mesmo. Os efeitos dessa cura se propagam no ambiente, e quando pessoas se aproximam de você em busca de alívio, sua cura faz com que a delas evolua com mais rapidez e facilidade.

5

POSIÇÕES OPCIONAIS PARA O AUTOTRATAMENTO

Embora um autotratamento de Reiki completo, aplicado diariamente na privacidade de sua casa, faça maravilhas para a saúde e o bem-estar, às vezes pode ser necessário aplicar algumas posições extras para concentrar a energia num ponto específico de estiramento ou ruptura muscular, fratura, infecção, corte ou outra lesão fora dos limites compreendidos diretamente pelos Básicos I, II e III. Embora não seja necessária nenhuma posição de mãos específica para as aplicações extras, sugiro algumas aqui para tranqüilidade do praticante e porque elas se revelaram apropriadas para certas condições corriqueiras. (Para condições ou doenças menos comuns que manifestam sintomas em vários pontos do corpo, faça um tratamento completo e aplique posições extras específicas de acordo com seu entendimento.) Todas as posições extras podem ser feitas permanecendo vestido, e algumas podem ser aplicadas discretamente em público. Por exemplo, muitos praticantes dirigem o carro com uma das mãos e mantêm a outra sobre o timo. Embora essa não seja uma prática de direção segura, e eu não a recomende, louvo a sensibilidade que percebe o valor de aplicar Reiki sempre que a oportunidade se apresenta — isto é, sempre que pelo menos uma das mãos está livre.

Como parte do autotratamento diário, você pode aplicar uma ou mais posições extras depois de completar todo o ciclo das posições padrão, ou pode acrescentar posições extras durante o próprio tratamento completo, específicas para a frente do corpo, Básico I, para a cabeça, Básico II, e para as costas, Básico III. A aplicação dessas posições extras durante ou depois da aplicação dos Básicos I, II ou III dependerá dos sintomas físicos e do grau de bem-estar.

POSIÇÕES OPCIONAIS DO BÁSICO I

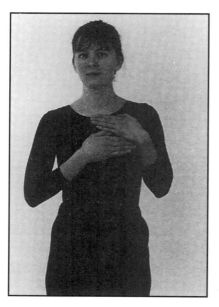

Figura 14

Coração (Figura 14)

Pode-se tratar o coração adotando o mesmo gesto que os americanos usam quando declaram sua lealdade ao país: a mão direita descansa levemente sobre o lado esquerdo do peito, palma junto ao corpo, dedos e polegar unidos. Sintomas de indigestão ou de azia ficam ainda mais aliviados colocando a mão esquerda logo acima da direita. Se o sintoma for muito intenso, ponha a mão esquerda sobre a direita, aumentando assim o fluxo de energia para a região e aliviando a dor.

Como o coração é responsável pela circulação do sangue pelo corpo, qualquer infecção ou condição de origem sangüínea, inclusive distúrbios do sistema imunológico, como alergias, pode ser tratada de modo muito apropriado pela aplicação de mãos de Reiki sobre o coração. Vítimas de choque elétrico também podem voltar mais rapidamente ao equilíbrio fluido-eletrólito adequado pela aplicação direta de Reiki nessa área.

Timo T (Figura 15)

Na parte alta do esterno, protegido por uma espessa parede óssea e cobrindo parte do coração, está o timo, um órgão muito mal compreendido, cuja importante função de combate à infecção só hoje está começando a ser reconhecida. Como o timo é grande nas crianças e fica reduzido a uma fração do seu tamanho original nos adultos, os antigos pensavam que ele era vestigial e por isso o removiam com a maior facilidade. O timo produz grandes quantidades de células T, um tipo de célula sangüínea branca tão essencial para um sistema imunológico resistente que sua contagem é monitorada regularmente nos pacientes de AIDS. Mas também as pessoas que combatem uma infecção muito mais suave, como um resfriado ou uma gripe, podem beneficiar-se com a aplicação de Reiki nesse ponto. Para tratar o timo, ponha uma das mãos horizontalmente logo abaixo da clavícula e a outra verticalmente sobre o esterno.

Seios (Figura 16)

Para manter os seios saudáveis, trate-os individualmente, usando posições de mãos apropriadas, de modo a formar um círculo completo de energia de cura. (Suas mãos podem dizer se há alguma alteração nas condições dos seus seios. Se você suspeitar da existência de um cisto ou tumor, aplique Reiki nos seios com freqüência; além disso, porém, consulte um médico o mais rapidamente possível, para um exame de mamografia.)

A recuperação de incisões cirúrgicas nessa área pode ser acelerada significativamente com a aplicação de mãos de Reiki. Cruzando os braços e deixando as mãos nas axilas, você trata os muitos nodos linfáticos localizados nessa área para melhor combater infecções e drenar feridas.

Como as pessoas procuram o Reiki em todas as fases da vida, e em todos os estados de saúde e de doença, você pode descobrir que ele desempenha um papel essencial na recuperação de uma retirada

Figura 15

Figura 16

de nódulo ou depois de uma mastectomia. Informe-se e identifique os fatores físicos, mentais, emocionais ou ambientais em seu estilo de vida que possam ter desencadeado o início de sua doença. Aproveite o que descobrir para efetuar todas as alterações possíveis em seu modo de viver que sejam positivas e necessárias para estabilizar a recuperação saudável e aumentar a auto-estima. Ame-se incondicionalmente, deixe que o fluxo da energia de cura que passa por suas mãos de Reiki lhe traga esperança e prossiga com alegria na vida.

Figura 17

Trato Respiratório Superior (Figura 17)

Toda pessoa que sofre de resfriado, bronquite ou outra infecção do trato respiratório superior sabe como esses distúrbios congestionam a área e provocam indisposição. As pessoas que padecem de asma enfrentam sintomas ainda mais graves e perigosos, pois seus ductos bronquiais se contraem e às vezes fecham durante um ataque. Para acalmar a sensação de congestão de um resfriado ou de uma bronquite, posicione as mãos sobre a região superior do peito, em forma de V com a base voltada para cima ou cruzando uma com a outra sobre o peito. Essa mesma posição, usada diariamente por alguém com asma, reduz gradativamente a freqüência e a intensidade das crises. (Verifica-se a reversão dos sintomas, entretanto, não jogando fora o broncodilatador, mas consultando regularmente o médico e monitorando cuidadosamente a capacidade pulmonar até a liberação definitiva pelo médico.)

Garganta (Figura 18)

A garganta pode ser tratada com os Básicos I ou II. Um jeito fácil de tratá-la é sentar-se com os cotovelos apoiados numa mesa e as mãos envolvendo o pescoço. A garganta, a tireóide e as paratireóides receberão a energia Reiki da base das mãos, e as glândulas salivares e linfáticas sentirão o fluxo das palmas e dos dedos. Essa posição é muito calmante, e muitos canais de Reiki procuram todas as formas de aplicá-la por longos períodos — durante um filme, por exemplo —, mantendo uma das mãos comodamente sobre essa área; a impressão é a de uma posição natural.

Abdômen (Figura 19)

Depois de fazer a posição 4 do Básico I — o **V** quase junto ao abrigo pélvico —, é fácil mover as mãos, deixando-as paralelas, uma acima da outra, sobre a área central do **V**. Essa posição influencia diretamente os órgãos reprodutores, e assim pode aliviar as dores menstruais ou as dores das contrações do trabalho de parto. Para a mulher grávida, essa é uma forma amorosa de enviar energia de cura para o bebê.

"Dobradiças" (Figura 20)

No ponto de encontro do tronco com as pernas, as artérias femorais enviam o sangue que vem do coração para os membros inferiores do corpo; em seu caminho de volta, o sangue circula através das veias femorais. Por isso, a pessoa com circulação deficiente nas pernas e nos pés terá grandes benefícios enviando energia Reiki para as juntas dos quadris, também chamadas de "dobradiças".

Muitos nodos linfáticos distribuem-se ao longo dessa linha (ver ilustração 4). É de grande eficácia aplicar mãos de Reiki nessa área quando a pessoa está combatendo alguma infecção num órgão da cavidade abdominal. A energia ajudará a produzir novos anticorpos para manter o combate e também a destruir e eliminar o organismo invasor ou a substância estranha.

Figura 18

Figura 19

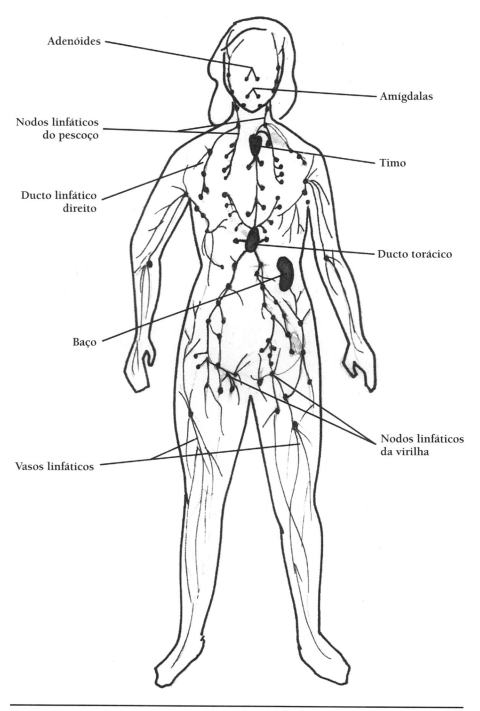

Ilustração 4: Nodos e tecidos linfáticos e órgãos do sistema imunológico

Para fazer essa posição, tomando por base a posição 4, Básico I, apenas deslize as mãos em V alguns centímetros para baixo de ambos os lados, formando um V maior sobre o ponto de junção das pernas com o tronco. Como sempre, ouça as mãos para estabelecer o período de permanência nessa posição. Quando a energia reduzir seu nível de atividade, passe para outra posição.

POSIÇÕES OPCIONAIS DO BÁSICO II

Parte Frontal Inferior da Face (Figura 21)

Figura 20

Embora as pessoas em geral considerem desnecessárias as posições extras na cabeça, as que sofrem de alergias ou de infecções dos seios paranasais ficarão aliviadas com a aplicação de Reiki às cavidades paranasais na parte frontal inferior da face. Essa posição também pode proporcionar grande alívio às pessoas que "sempre sabem quando vai chover", pois as mudanças na pressão atmosférica afetam seus seios paranasais e seus dentes.

Para adotar essa posição, ponha as mãos no rosto, um pouco abaixo dos olhos, uma em cada lado do nariz. Os nós da articulação falange/metacarpo coincidem com o limite inferior da mandíbula. Os polegares acompanham naturalmente a curvatura da mandíbula. É fácil fazer essa posição ficando sentado, com os cotovelos apoiados numa mesa ou escrivaninha; ou

Figura 21

Figura 22

Figura 23

também sentado num sofá, com um travesseiro no colo para apoiar os braços.

Maxila e Dentes (Figura 22)

Os que sofrem de alergia e de infecção dos seios paranasais podem dizer que a dor vaga que sentem se localiza em áreas específicas da cabeça e do pescoço. Em boa parte, isso acontece porque as principais vias nervosas que se dirigem para o rosto se dividem em ramificações que vão para o topo da cabeça, para a área acima e abaixo dos olhos, passam pelo pavilhão auditivo e seguem a linha da maxila. Por isso, essas pessoas terão alívio aplicando mãos de Reiki sistematicamente sobre a maxila e os dentes posteriores (molares).

Para fazer essa posição extra, sente-se com os cotovelos apoiados na mesa e sustente a cabeça nas mãos. O queixo descansa natural e relaxadamente na concavidade das mãos. Mantenha a posição por alguns momentos para que a energia de cura penetre e alivie. Se você acompanhar o fluxo energético durante a primeira flutuação descendente, a energia de cura se aprofundará ainda mais.

Região Lateral do Pescoço (Figura 23)

Os massagistas dirão que a sensação dolorida na face em geral é acompanhada por dor no ponto de origem daquela sensação, ou seja, nos músculos esternoclidomastóideos, os longos músculos que começam estreitos logo atrás das orelhas e descem na direção da clavícula, aonde chegam bem mais alargados. Esses músculos se sobrepõem às artérias carótidas e às veias jugulares, os principais vasos de circulação sangüínea que vão e vêm do cérebro. Eles também abrigam nodos linfáticos responsáveis pela produção de anticorpos e pela filtragem dos resíduos infecciosos dos tecidos.

Mãos de Reiki aplicadas sobre essa área produzem um bem-estar muito grande. Você pode fazer essa posição estando sentado e descansando os cotovelos sobre qualquer superfície, ou enquanto faz alongamento dos ombros, de pé ou sentado. A energia de cura dirigida a essa região alivia a dor no seu ponto de origem, relaxa a tensão muscular, drena nodos linfáticos e suaviza a congestão de resfriados, alergias e infecções de ouvido. Ela também alivia a sensação dolorida de pressão e pode "estourar" os ouvidos, fazendo com que a audição volte ao seu estado normal.

Região da Nuca (Figura 24)

Mãos de Reiki dispostas paralelamente, uma acima da outra, aplicadas na região da nuca, são benéficas para acalmar a tensão muscular e as dores de cabeça devidas à tensão. Como, porém, a energia penetra nos músculos que procedem das vértebras cervicais, o benefício é ainda maior. Essa posição é muito eficaz para tratar o herpes simples, que causa lesões na boca ou no nariz, e a nevralgia herpética. Ela pode também prevenir novas lesões quando aplicada logo no início de qualquer manifestação — uma pequena comichão ou uma sensação de inchaço ligeiramente dolorida no local. Pessoas que sofrem de herpes podem sentir-se tentadas a substituir medicamentos receitados, como pomada ou pastilhas de aciclovir, pelo Reiki. Ninguém deve fazer isso; é importante seguir as instruções do médico e usar o Reiki como terapia coadjuvante, pelo menos até que o sistema imunológico se recupere e o médico possa recomendar uma linha de tratamento diferente.

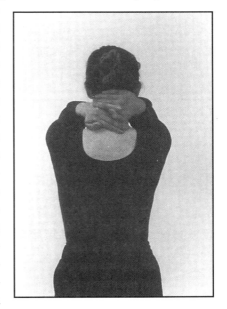

Figura 24

POSIÇÕES OPCIONAIS DO BÁSICO III

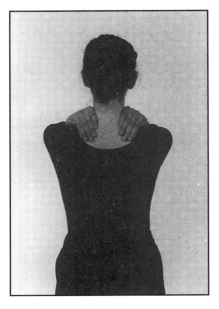

Figura 25

Ombros (Figura 25)

A parte alta dos ombros é uma armadilha de tensão para muitas pessoas na sociedade atual — um dia agitado no escritório em geral se traduz em músculos trapézios contraídos e rígidos. Sem condição de ir à academia, à piscina, a uma quadra de tênis nem a uma sessão de massagem, você pode amenizar a rigidez e a dor nessa região aplicando mãos de Reiki nos pontos doloridos.

Você pode trabalhar sobre os dois ombros ao mesmo tempo aplicando as mãos exatamente sobre os músculos trapézios tensos. Outra alternativa é tratar um ombro por vez; para isso, flexione o braço no cotovelo, levante bem o braço e deixe a mão pousar levemente sobre o ombro do lado correspondente. Uma pequena pausa durante o trabalho para aplicar-se essa posição de Reiki deixará o restante do seu dia muito mais agradável.

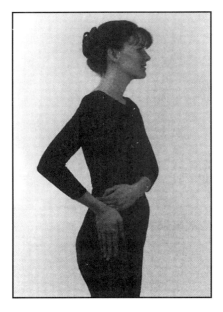

Figura 26

Nervos Ciáticos (Figura 26)

As pessoas que têm dores no nervo ciático conhecem bem o trajeto que esses espessos feixes de nervos seguem depois de sair da base da coluna vertebral. Levando a mão à região lombar e apontando para duas pequenas depressões nas laterais da parte posterior da pelve, elas dizem: "É aqui que a dor começa. Desse ponto ela continua acompanhando o quadril e desce pelo lado externo da perna."

O ciático não é um nervo único, mas vários nervos que se ramificam a partir da parte inferior da coluna e do sacro. Cada nervo segue um trajeto em forma de **L**: ao sair da medula espinhal, ele cruza a parte posterior da pelve, junta-se ao feixe nervoso composto (chamado de plexo lombo-sacral) e em seguida desce por ambas as pernas. O feixe de nervos ciáticos se ramifica em muitos pontos, fornecendo e recebendo informações sensoriais da virilha, das coxas, dos joelhos, das canelas e panturrilhas, dos tornozelos e dos pés. É por isso que as pessoas muitas vezes sentem dor ciática nas regiões lombar e posterior dos quadris, e também em pontos mais baixos nas pernas.

Tratar a ciática é acima de tudo uma questão de conhecer o trajeto seguido pelos nervos ciáticos e lembrar que o Reiki aplicado à causa é mais eficaz que o Reiki aplicado ao ponto da dor. Por isso, em geral é suficiente tratar esse problema com posições extras diagonalmente, em **V**, na parte baixa da região lombar (sobre a depressão na pelve), e verticalmente, desde a depressão na pelve, descendo pela lateral das pernas.

POSIÇÕES OPCIONAIS PARA AS EXTREMIDADES

Braços, Cotovelos, Pulsos, Mãos (Figuras 27, 28, 29)

Se você sofrer algum estiramento muscular agudo, lesão ou infecção nos braços, nos pulsos ou nas mãos, a aplicação sistemática de Reiki irá acelerar a cura. Como você só pode usar uma das mãos para tratar-se, relaxe a outra o máximo possível. Envolva as articulações gradualmente, prestando atenção a alterações da energia. Cubra músculos ou ligamentos com torção, inchaço ou ruptura até sentir que o fluxo energético reduz sua atividade.

Lembre-se de que uma sensação dolorida nos ombros, nos cotovelos e nas mãos pode ser dor reflexa devido a lesões de esforço repetitivo ou síndrome de túnel carpal. Embora você possa obter certo alívio aplicando Reiki no ponto da dor, em geral é necessário trabalhar sobre os ten-

Figura 27

Figura 28

Figura 29

Figura 30

dões e ligamentos afetados no pulso para produzir a recuperação rápida que os praticantes esperam do Reiki.

Um corte ou queimadura num dedo da mão pode ser tratado com a outra mão. Se a energia Reiki for muito quente sobre a queimadura, aplique Reiki mantendo a mão a uns quatro ou cinco centímetros acima do ponto, com bons resultados de recuperação.

Pernas, Joelhos, Tornozelos, Pés (Figuras 30, 31, 32, 33)

É possível que às vezes você precise tratar com Reiki um músculo, um tendão, um ligamento tensionado ou rompido ou um corte; basta aplicar as mãos sobre a área afetada. Se, porém, precisar tratar um joelho ou um tornozelo machucado durante

Figura 31

Figura 32

um jogo, há tempos ou recentemente, o benefício será maior se você tratar a área afetada enviando Reiki por todos os lados. Em geral, pode-se tratar o joelho facilmente sentando com ele ligeiramente dobrado. Dobrando bem o joelho e apoiando o pé, alcança-se tranqüilamente o tornozelo. Se você estiver engessado, sente-se e dobre o corpo na cintura. Aplique as mãos sobre o local ferido e ouça. Apesar do gesso, a energia Reiki se ativará e fluirá para a área onde ela se faz necessária.

Geralmente negligenciamos os pés, até que os problemas começam. O que se pode fazer para dar atenção aos pés é aplicar-lhes Reiki durante um banho quente. Os músculos relaxarão, e provavelmente você conseguirá curvar-se facilmente na cintura e alcançar a sola dos pés sem pro-

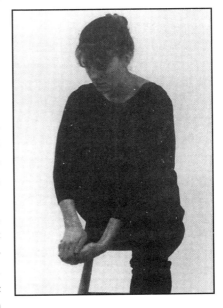

Figura 33

blemas. O fluxo da energia Reiki nos pés é muito relaxante quando somado à água quente.

Outro modo de trabalhar sobre os pés é tratar um por vez: sente-se, flexionando a perna de modo que o joelho se aproxime do peito; firme bem o calcanhar na beira do banco e veja que o pé esteja à distância do comprimento do braço. Ou sente-se com uma perna dobrada no joelho, erguido e cruzado sobre o joelho oposto, de modo que o pé possa descansar relaxadamente e ficar à distância do comprimento do braço. Adote várias posições de mãos para tratar bem essa operosa parte do corpo que, segundo os reflexólogos, tem conexões energéticas com todos os órgãos principais. Há algo de maravilhoso em sentir-se "caminhando no ar", por assim dizer.

PRÁTICA DAS POSIÇÕES DAS MÃOS

Dependendo do modo como o curso de nível I é ministrado, se em dois, três ou quatro dias, os alunos podem ter a oportunidade de praticar as posições padrão das mãos para autotratamento na sala de aula e logo em seguida como "tarefa de casa". A tarefa é simples: trabalhe consigo mesmo, usando as posições padrão e outras posições extras que lhe pareçam apropriadas, antes de dormir. Embora os alunos geralmente tenham recebido só uma sintonização até esse momento, ainda assim é possível sentir o fluxo da energia Reiki em cada posição e beneficiar-se dos seus efeitos de cura.

Isto é o que você pode perceber ao ouvir as mãos pela primeira vez. Ao pôr as mãos na posição 1, Básico I, talvez você não sinta nada inicialmente; por outro lado, pode acontecer que você sinta as mãos ligeiramente quentes ou com um leve formigamento. Tudo o que você sentir está bem. Continue prestando atenção. Em poucos minutos você pode perceber um fluxo suave de energia de cura. Isso significa que suas mãos se ligaram. Simplesmente mantenha as mãos nessa posição e vivencie as sensações que se manifestam. Lembre-se de que você pode sentir as mãos suavemente quentes, um morno agradável, ou um calor ou frio intensos; você pode também sentir formigamento, picadas, redemoinhos ou ondas; ou uma sensação de pressão, puxão ou tração. Todas essas sensações indicam o fluxo de energia e são normais para toda pessoa que tenha mãos sintonizadas com o Reiki.

Depois de alguns minutos, provavelmente você sentirá o fluxo da energia começar a baixar, diminuindo em intensidade ou nível de atividade. É sinal de que a área sob suas mãos absorveu energia suficiente para começar o trabalho acelerado de cura. Mesmo uma redução ligeiramente perceptível no fluxo é sinal suficiente para você passar para a posição seguinte.

Na posição 2, Básico I, mantenha as mãos nessa posição até sentir o ciclo completo do fluxo de energia ligar-se, enviar cura ativamente e, em seguida, acalmar-se. Aplique tantas posições quanto quiser, ouvindo as mãos ligarem-se, enviarem a cura e depois desligarem-se (ou pelo menos diminuírem de intensidade). Você vai se dar conta de que o uso das posições seguindo essa técnica, deitado na cama antes de adormecer, fará com que você relaxe completamente, o que o levará a um sono profundo e restaurador e a um mundo de sonhos maravilhosos. Isso é ótimo. Uma noite bem dormida o deixará em forma para a aula seguinte.

6

Reiki Nível I:
As Origens do Método de Cura

A segunda sessão do curso de Reiki nível I geralmente começa com os alunos falando informalmente sobre suas experiências da noite anterior. Logo que eles dão sinais de ter terminado seu chá ou cafezinho, o mestre de Reiki pede que tomem seus lugares. Então, um pouco mais formalmente, o mestre pergunta a cada um sobre os acontecimentos da noite anterior.

"Você conseguiu usar todas as posições de mãos?"
"Bem, não. Acho que dormi logo que encostei no travesseiro. Fiz a primeira posição, mas acordei no meio da noite e percebi que continuava nela. Mas não me lembro de sentir a energia."
"Limpei a cozinha até as duas da madrugada. Em seguida tentei aplicar Reiki no meu gato, que já dormia na minha cama. Ele não acordou, mas se espreguiçou, como dizendo que estava gostando, e ronronou. Então deitei e fiz todas as posições do Básico I. Pouco depois fiquei sonolenta, virei de lado e dormi. Acho que senti as mãos, porém, formigando."
"Fiz uma massagem em minha mulher. Senti minhas mãos bem quentes nas costas dela. Ela disse que se sentia ótima. Então ela adormeceu, e eu despertei. Fiquei me aplicando as posições enquanto assistia ao noticiário da noite na TV. Foi certo fazer isso?"

O mestre de Reiki, sorrindo, sinaliza afirmativamente com a cabeça, e pede que outro aluno dê seu depoimento.

"Eu fiz as posições, mas não senti muita coisa. Mesmo assim tentei ouvir, perceber as sensações surgirem, enviarem a cura e desaparecerem. Acho que senti isso bastante claramente na terceira posição, mas não tenho certeza com relação às outras posições. Tive belos sonhos, porém. Acordei de manhã e tentei fazer as posições novamente, e tudo pareceu mais claro. Talvez eu estivesse muito cansada a noite passada."

"Minhas mãos estavam quentes. Eu fiquei realmente impressionada. Tenho diabete, e há anos venho me tratando com a medicina tradicional e a alternativa para tentar melhorar. Ao deitar, tenho o hábito de usar uma fita de meditação de cura que elaborei. Assim, liguei o gravador como sempre faço, deitei na cama e pus as mãos na primeira posição. Nunca imaginei que minhas mãos pudessem revelar as sensações que tive! Alguma coisa estava acontecendo mesmo. Assim, apenas mantive a posição. Fiquei atenta para ouvir o fluxo de energia diminuir, mas acho que isso não aconteceu. Ele continuou aumentando. Adormeci com essa sensação. Hoje me sinto ótima."

"Eu gostaria que algo parecido com isso tivesse acontecido comigo. Estou muito insegura com relação a mim mesma. Sei que senti a energia nas mãos durante e depois da sintonização, mas quando adotei a primeira posição, ontem à noite, não consegui sentir quase nada. Eu não poderia dizer se o que eu estava sentindo era o calor das minhas mãos ou do meu corpo. Espero poder sentir as mãos com mais clareza hoje."

Seja o que for que os alunos relatem a respeito das experiências da noite anterior, o Mestre de Reiki pode garantir-lhes que qualquer que seja a sensação da energia que tiveram está ótimo. A abertura para canalizar a energia Reiki através do processo das quatro sintonizações é suave e gradual. Embora alguns alunos dêem mostras de estar bem abertos e sensíveis à força do fluxo da energia Reiki depois de apenas uma sintonização, isso é muito raro. A maioria das pessoas precisa das quatro sintonizações para ter confiança em ouvir suas mãos e sentir o ciclo de cura da energia.

A RELIGAÇÃO COM A ENERGIA VITAL UNIVERSAL

Quando o Mestre de Reiki sintoniza os alunos pela segunda vez, ele repete os passos e símbolos da primeira sintonização. As reações dos alunos variam consideravelmente.

"Foi muito intenso. Eu vi um clarão de luz quando você bateu nas minhas mãos. Elas continuam formigando, como se você tivesse acabado de bater nelas."
"Pude sentir uma pulsação entre as palmas o tempo inteiro."
"Senti uma espécie de leveza na cabeça, e então vi essa incrível cor turquesa como se vê nos anúncios de propaganda da Jamaica. E tive essa sensação de repelão nas mãos."
"Eu vi meu cachorrinho, de nome Ralph. Ele pareceu gostar muito de minhas mãos a noite passada. Acho que vou tratá-lo com Reiki."
"Vi o lugar onde faço meditação. Ele está num bosque verde maravilhoso, com uma queda d'água e uma fonte."
"Minhas palmas estão suando neste exato momento."

Como aconteceu com a primeira sintonização, quaisquer sensações que os alunos descrevam está ótimo. A diferença perceptível entre a primeira sintonização e a segunda é geralmente pequena; ocasionalmente, ela pode ser grande. O que é importante compreender é que a energia está sendo entregue a você exatamente no ponto onde você se encontra. Quer você tenha estado aberto há anos a idéias sobre cura alternativa e espiritualidade, quer estivesse fechado até participar do curso de Reiki, a energia o encontra, o eleva e o ajuda a prosseguir em seu caminho num ritmo que propicia a cura.

Ao ouvir o Mestre enquanto ele dá andamento ao curso, lembre-se: não desperdice suas mãos. Pouse-as sobre as coxas ou sobre o abdômen. Cruze os braços e apóie-as nas laterais do corpo. Sente-se com as mãos entrelaçadas. Comece agora a adquirir o hábito de usar o fluxo da energia Reiki que flui por suas mãos o tempo todo para curar a si mesmo.

A REDESCOBERTA DE UM MÉTODO DE CURA PERDIDO E SUA REUTILIZAÇÃO EM TODO O MUNDO

Talvez você se pergunte como o Reiki, que é tão diferente da medicina ocidental tradicional, veio a ser ensinado nos Estados Unidos. De fato, o Reiki é ensinado não somente neste país e no Japão, mas em todo o mundo, em muitas diferentes línguas, a pessoas de todas as raças e credos. Para compreender como o ensino de Reiki chegou a se difundir tanto, você precisa conhecer um pouco da história dele.

A tradição de cura que deu origem ao Reiki é muito antiga; não há registro histórico de onde e como ele foi ensinado pela primeira vez. Entretanto, Beth Gray, minha Mestra de Reiki níveis I e II, contou a seguinte história sobre como ele foi redescoberto e trazido para o Ocidente.[1]

O dr. Mikao Usui era professor num seminário cristão em Quioto nos últimos anos do século XIX.[2] Certo dia, um aluno aproximou-se dele, dizendo: "Dr. Usui, o senhor nos ensinou as histórias da Bíblia. Ensinou-nos as normas do cristianismo. O senhor nos preparou para sair ao mundo e pregar. Entretanto, o senhor não nos ensinou a curar os estropiados nem a restituir a visão aos cegos, como fez Cristo. Por quê? O senhor pode mostrar-nos a passagem na Bíblia onde podemos aprender isso?"

O dr. Usui respondeu: "Não posso ensiná-los a curar os doentes, pois eu mesmo não sei fazer isso. Eu conheço a Bíblia, mas desconheço qualquer passagem nela que descreva como Cristo curava. Entretanto, sua pergunta é excelente e merece uma resposta. Farei algumas pesquisas nesse sentido e descobrirei a resposta para você."

Dr. Mikao Usui

O dr. Usui começou sua pesquisa na biblioteca do próprio seminário onde lecionava. Ele passou muitas horas estudando atentamente todos os volumes que achava que pudessem ser úteis para responder à pergunta do seu aluno: "Como Cristo curava?" Finalmente, depois de ficar dias sentado nas duras cadeiras da biblioteca e de ler até seus olhos arderem, ele aceitou a pergunta como se fosse sua. E concluiu que precisava ampliar a pesquisa para encontrar a resposta.

O dr. Usui falou a um colega da mesma escola sobre a pergunta do aluno e sobre sua própria frustração por não encontrar os recursos esclarecedores de que precisava para dar uma resposta. Seu amigo sugeriu que fosse para os Estados

Unidos, uma vez que o cristianismo tinha chegado ao Japão por intermédio daquele país, e que fizesse suas pesquisas nas ótimas bibliotecas de lá. Achando a idéia excelente, o dr. Usui requereu imediatamente um visto para os Estados Unidos, o que conseguiu depois de vários meses de espera. Saindo de Quioto para Chicago, grandes eram o entusiasmo e a esperança do dr. Usui de encontrar a resposta para sua pergunta durante a estada nos Estados Unidos.

Na Universidade de Chicago, durante vários anos, o dr. Usui estudou com especialistas em religião de renome internacional e aprendeu muito. Ele passou centenas de horas no setor de religião da biblioteca, lendo livros sobre a prática da religião cristã primitiva, e, novamente, aprendeu muito. Ainda assim, não encontrou a resposta que estava procurando. Então resolveu escrever para todos os padres, ministros e rabinos de congregações dos Estados Unidos, esperando que um deles respondesse à pergunta sobre o método de cura de Cristo. Infelizmente, os que responderam apenas puderam assegurar ao dr. Usui que a tarefa deles era curar o espírito; não faziam a mínima idéia de como curar o corpo.

O dr. Usui manifestou seu desânimo a um amigo, que fez uma observação curiosa: "O budismo é muito mais antigo que o cristianismo. Talvez a prática de curar tenha sido ensinada em algum momento da tradição budista. Se assim for, talvez você consiga encontrar a resposta que procura em algum templo budista em seu próprio país."

O dr. Usui refletiu ponderadamente sobre essa idéia. Ele havia passado anos pesquisando nos Estados Unidos, usando os melhores recursos sobre o cristianismo existentes no mundo. Embora tivesse aprendido muito, não havia encontrado a resposta que procurava. Seus esforços foram infrutíferos; não havia mais nada a fazer naquele país. Era hora de voltar para casa.

Assim, o dr. Usui voltou a Quioto e retomou sua busca com vigor renovado. Havia dezessete templos budistas em Quioto. Um a um, ele visitou todos, fazendo aos monges que o recebiam a mesma pergunta: "O senhor ensina a curar como Cristo e Buda curavam?" Um após outro, repetindo as mesmas palavras, os monges responderam que não. Finalmente, no 17º templo que ele visitou, o monge que o recebeu deu-lhe uma resposta ligeiramente diferente: "Não, não ensinamos mais a curar."

"O que o senhor quer dizer?", o dr. Usui quis saber. "O senhor afirma que os monges não ensinam mais a curar. Está dizendo que houve um tempo em que faziam isso?"

"De fato, fazíamos", disse o monge. "Mas não fazemos mais. Perdemos o conhecimento da cura."

Muitos anos haviam se passado desde que o dr. Usui começara seus estudos. Embora os amigos que ele conquistara ao longo do caminho o tivessem incentivado freqüentemente, eles jamais conseguiram dar-lhe qualquer esperança de encontrar uma resposta. Agora, aqui, havia uma pequena esperança.

"Talvez a cura que uma vez foi possível possa sê-lo novamente", disse o dr. Usui, mal contendo a emoção. "Eu poderia entrar nesse mosteiro? Poderia estudar os livros e pergaminhos de sua biblioteca?"

"O senhor é bem-vindo", garantiu o monge. "Pode ficar conosco e estudar pelo tempo que quiser."

O dr. Usui mudou-se imediatamente para o mosteiro e começou a viver como viviam os monges budistas; quando não estava na biblioteca, seu tempo era dedicado à meditação, ao jejum e à oração. Os anos se passaram. Ele leu todos os livros e pergaminhos que pôde em japonês e inglês, mas não conseguiu ler os pergaminhos escritos em sânscrito. Resolveu então que devia aprender sânscrito para concluir sua pesquisa. E foi o que fez.

O dr. Usui estudava sozinho; começou compreendendo palavras individuais, em seguida frases, e por fim períodos. Pouco a pouco, os rolos de pergaminho começaram a revelar seus segredos. Grande parte do que ele leu fora traduzida para o japonês ou mesmo para o inglês, de modo que já lhe era familiar. Mas um dia ele descobriu um rolo que descrevia um processo de cura que era diferente de tudo o que ele havia lido até então. Nesse rolo, escrito em sânscrito, em tinta quase ilegível e num pergaminho quebradiço, estavam descritos rituais para pedir a Deus — a força vital universal — que dirigisse a energia de cura através das mãos humanas. Os rituais usavam símbolos — símbolos belos, simples, primitivos, que podem ter sido pintados por um homem ou uma mulher primitiva na parede de uma caverna, e símbolos elegantes, complexos e mais modernos, nitidamente derivados do chinês e do japonês, talvez registrados por um dos últimos monges budistas a aprender de um mestre esse método tradicional de cura.

O dr. Usui compreendeu a importância do que havia encontrado: esse era o método de cura que Cristo usava para curar os cegos e os doentes; era o mesmo método que Buda usava para realizar a cura; talvez outros mestres espirituais, cujos nomes foram esquecidos pelas pessoas que com eles conviveram, também tivessem usado esse método. Esse era um ensinamento sagrado, de grande importância e de grande valor para o mundo e para os indivíduos que o aprenderam e o praticaram. Deveria esse ensinamento ser devolvido ao mundo "civilizado", que, cada vez mais, parecia estar esquecendo os valores espirituais? Talvez ele tivesse sido esquecido porque o mundo não o merecia mais, e por isso o pergaminho que o continha devia permanecer na obscuridade das prateleiras do mosteiro, desgastando-se e desaparecendo com o tempo. Se, porém, como o dr. Usui acreditava como cristão, "há um tempo para todo propósito debaixo do céu", ele poderia ter encontrado esse pergaminho e seu ensinamento porque havia chegado o tempo de o mundo receber a cura. O dr. Usui sentiu que não podia resolver isso sozinho.

Ele então procurou o abade do mosteiro em busca de orientação. Ele disse ao abade que havia encontrado um pergaminho escrito em sânscrito que revelava o método de cura usado por Cristo e por Buda para curar os doentes. O abade ficou contente com a descoberta, mas, como o próprio dr. Usui, julgou que a decisão de revelar esse ensinamento ao mundo devia ser tomada com a orientação de Deus. Ambos então resolveram que passariam a noite em meditação, jejum e oração e que voltariam a se falar na manhã seguinte.

Com o nascer do Sol, eles se encontraram. O abade sugeriu ao dr. Usui fazer uma peregrinação à montanha sagrada, o monte Kurama, para meditar, jejuar e rezar durante 21 dias e pedir a Deus uma visão. Somente se tivesse uma visão, ele teria certeza de que devia revelar o método de cura ao mundo.

O dr. Usui tomou o caminho da montanha naquela mesma manhã. Ao deixar o mosteiro, ele disse a um menino residente: "Estou indo ao monte Kurama para meditar, jejuar e rezar durante 21 dias. Se eu não voltar até a noite do 21º dia, peça a alguém para buscar meus ossos, pois certamente estarei morto." O menino concordou com um movimento da cabeça. Com isso o dr. Usui iniciou sua longa caminhada para fora da cidade, por estradas cada vez mais isoladas, e depois deixando as estradas e enveredando pelas trilhas da montanha, cada vez mais altas, até finalmente, extenuado, chegar ao cume do monte Kurama.

Lá ele juntou 21 pedras e colocou-as ao seu lado. Sentou-se no chão duro e frio e começou sua meditação, jejum e oração. Dia após dia ele se sentava imóvel, exceto para pegar uma pedrinha do montinho ao seu lado e jogá-la num outro montinho. Foi assim que ele contou os dias que passavam. Finalmente, restavam algumas pedras apenas. Debilitado pela fome e rígido por sentar sempre na mesma posição, mesmo as pequenas pedras pareciam-lhe pesadas. Ele duvidava de que teria uma visão, e achava que certamente iria morrer.

Finalmente, antes do amanhecer do 21º dia, ele pegou a última pedrinha, a mão tremendo com o esforço. Ele não tivera nenhuma visão. O dr. Usui então começou a se perguntar se conseguiria voltar para casa; com essa preocupação em mente, ele olhou para o horizonte, procurando divisá-lo ao longe. Exatamente nesse instante, o Sol começou a nascer. O primeiro raio de luz atingiu-o como um raio dourado. A luz foi tão intensa que o dr. Usui caiu de costas e ficou imóvel, com os olhos fechados. Mesmo assim, porém, ele ainda via aquela luz.

Fraco demais para se mexer e incapaz de evitar a luz, ele se rendeu a ela e teve sua visão. Ele viu que a luz brilhante que o penetrava era feita de centenas e centenas de bolhas de luz, como um rio é feito de pequenas gotas de água. Cada bolha era de uma das cores reluzentes do arco-íris. Ele viu que cada bolha que entrava nele continha algo escrito e que era a mesma coisa que ele havia lido no pergaminho em sânscrito. Na verdade, ele viu os símbolos do Reiki. À medida que ele compreendia o que via, as bolhas voltavam a reluzir com a cor dourada, em seguida com a branca, e então estouravam, dissolvendo sua energia dentro dele. Vezes sem conta as bolhas continuaram a fluir para ele, até que finalmente, suavemente, o fluxo diminuiu e cessou.

O dr. Usui abriu os olhos para o reluzente Sol dourado do meio-dia. Levantou-se de um salto, cheio de alegria e vigor. Ele fora abençoado com uma visão, e se sentia muito bem e forte. Esse é o primeiro milagre atribuído ao Reiki — que o dr. Usui se sentiu bem, e não debilitado, pelos 21 dias de jejum e meditação.

Ele estava tão ansioso para dar a notícia de sua visão e para começar o trabalho de levar esse antigo método de cura ao mundo que se lançou em desabalada corrida montanha abaixo. No terreno pedregoso do alto da montanha, isso não foi prudente da parte dele. Corridos apenas alguns metros, o dr. Usui tropeçou numa pedra, arrancando um pedaço da unha do dedão do pé; o sangue jorrou. Naturalmente, ele fez o que todos fazem numa situação como essa — segurou o dedo com a mão. Mas havia algo de diferente: ele percebeu que a dor diminuiu rapidamente, até desaparecer por completo. Então soltou o dedo. O ferimento não sangrava mais; o dedo estava totalmente curado. Esse é o segundo milagre atribuído ao Reiki.

O dr. Usui retomou o caminho de volta, dessa vez com mais cuidado. Passado algum tempo, ele se deu conta de que estava com fome. Resolvido a alimentar-se, ficou atento a um lugar onde pudesse encontrar alguma coisa para comer. De repente, a distância, ele viu um pequeno banco coberto com um pano vermelho; aproximou-se do banco, sentou e ficou esperando, pois no Japão esse é um sinal para os viajantes de que os moradores próximos oferecem hospitalidade e alimentação. Uma menina logo se aproximou e perguntou se ele estava com fome. Era uma criança bonita, mas seu rosto estava inchado, deformado e envolvido por um pano.

O dr. Usui disse: "Sim, eu ficaria muito contente com alguma coisa, criança. Antes, porém, não posso deixar de notar que você tem um pano amarrado na cabeça, provavelmente para manter o rosto quente e para firmar uma cataplasma. O que você tem?"

"Estou com dor de dente. Quioto está muito longe daqui, e meu pai e eu não temos condições de consultar um dentista."

"Posso ver onde dói? Posso tocar o lugar?"

A menina apontou para o ponto da dor. Com muita delicadeza, o dr. Usui pôs a palma da mão nesse ponto.

Depois de alguns instantes, a menina disse: "Sua mão está bem quente, senhor." Ela fechou os olhos, usufruindo a sensação suave e radiante. Mas em poucos instantes abriu-os novamente, surpresa: "A dor desapareceu!"

O dr. Usui sorriu para ela e baixou lentamente a mão.

Ela estava exultante: "Minha dor de dente está curada. Preciso dizer isso a meu pai. Venha comigo, bom monge. Venha!"

A cura da dor de dente da menina é o terceiro milagre atribuído ao Reiki. O quarto milagre aconteceu quando o dr. Usui satisfez completamente a fome ao lhe serem servidas comidas quentes, condimentadas e picantes. Isso mostra que ele estava forte, que o jejum de 21 dias não o debilitara.

O dr. Usui se despediu da menina e do pai dela e continuou sua longa descida até Quioto; ele se sentia muito bem. Durante o percurso, procurava descobrir um modo de levar essa energia de cura a todas as pessoas. Deveria andar a esmo e confiar que seus passos o levariam até os mais necessitados? Ou deveria fixar-se num lugar para que essas mesmas pessoas pudessem encontrá-lo?

Quando finalmente chegou ao templo do mosteiro, ele estava ansioso para falar com o abade, comunicar-lhe sua visão e pedir-lhe orientação. Logo na chegada, o dr. Usui viu o menino que morava no mosteiro. "Não é preciso mandar ninguém buscar os meus ossos, pois estou muito bem", ele disse ao menino. O garoto saiu correndo para transmitir a notícia aos monges. Quando um dos monges foi recebê-lo, o dr. Usui agradeceu a recepção e perguntou se podia ver o abade. O monge respondeu que o abade estava muito indisposto, sentado com os pés de molho numa tina, tentando aliviar um ataque agudo de artrite.

"Leve-me até ele, por favor", pediu o dr. Usui. O monge o levou até uma pequena cela no fundo do mosteiro e o deixou com o abade. O dr. Usui inclinou-se, saudando o abade, e imediatamente sentou-se ao seu lado. Em seguida, pedindo permissão, ele tomou o pé dolorido do abade entre suas mãos, e começou a falar. Enquanto o dr. Usui e o abade conversavam, a energia de cura operou seu milagre, lentamente, suavemente. Eles falaram durante horas, refletindo sobre a responsabilidade que significava receber uma visão como a que o dr. Usui tivera. Finalmente, o abade agradeceu ao dr. Usui o alívio que o Reiki lhe propiciara; e sugeriu também que ambos passassem a noite em oração, meditação e jejum e voltassem a se encontrar na manhã seguinte.

Eles assim procederam, e, quando se reencontraram pela manhã, resolveram que o dr. Usui levaria a energia de cura Reiki ao mundo começando num bairro de Quioto que parecia necessitar de muita ajuda: a Cidade dos Mendigos. A Cidade dos Mendigos é como uma área da cidade de Nova York controlada pela Máfia. Todos os que trabalham na Cidade dos Mendigos devem pagar ao Rei Mendigo para receber "proteção". Ao sair do mosteiro, o dr. Usui não sabia muito bem com o que estava se envolvendo.

Logo na entrada da Cidade dos Mendigos,* ele foi abordado por dois pedintes. "Passa o dinheiro", disse um; "Vai passando a roupa", disse o outro.

"Eu não tenho dinheiro para dar a vocês, e as únicas roupas que tenho são as que levo nas costas. Não tenho nada para vocês."

Cheios de raiva, os mendigos assumiram um ar ameaçador, e um estava pronto para atacá-lo.

"Mas eu tenho um presente para o Rei Mendigo", disse o dr. Usui.

O mendigo que o ameaçava se deteve. "Que presente?"

"Dá isso pra nós", disse o outro pedinte.

"Não, não posso. Só posso dar esse presente ao Rei Mendigo. Eu acho que ele vai gostar, e talvez dê a vocês uma recompensa por levar-me a ele."

Os dois mendigos trocaram algumas palavras. Finalmente, eles resolveram levar o dr. Usui ao Rei Mendigo. Eles taparam os olhos do dr. Usui e o conduziram através das vielas escuras e malcheirosas da Cidade dos Mendigos. Ao chegarem diante do Rei Mendigo, eles retiraram a venda dos olhos do dr. Usui.

"Você tem alguma coisa para mim?", perguntou o Rei Mendigo.

"Trago um presente para você e para todos os mendigos: o poder da cura."

"O quê?!? Esse não é o tipo de presente que eu estava esperando. Que vantagem ele traz para mim ou para os mendigos?"

"É um presente para sentir-se bem e forte."

---

* Os detalhes históricos, disponíveis aos leitores há pouco tempo no livro de Petter, *Reiki Fire* (1997), situam o dr. Usui em Tóquio tratando pessoas com Reiki imediatamente após sua peregrinação e meditação no monte Kurama. Entretanto, essa montanha está de fato perto de Quioto, a antiga capital, uma cidade com muitos templos e lugares sagrados. Embora talvez jamais consigamos verificar todos os detalhes dessa história tão divulgada sobre o dr. Usui, uma troca de informações mais aberta com Mestres de Reiki do Sistema Usui que ensinam no Japão nos deixa com a perspectiva de conhecermos melhor o dr. Usui e de apreciarmos sua extraordinária compaixão e compromisso com a cura.

A localização do monte Kurama nos arredores de Quioto foi confirmada numa conversa telefônica com um representante da embaixada japonesa em Washington, D.C., em 28 de novembro de 1997.

O Rei Mendigo pensou um pouco sobre essas palavras. Ele não teria conseguido ser o Rei Mendigo sem ser saudável e esperto. "Particularmente, isso não tem nenhuma utilidade para mim. Mas talvez os mendigos gostem. Você pode trabalhar na Cidade dos Mendigos sob minha proteção."

"Muito obrigado", disse o dr. Usui.

"Mas você não pode usar essas roupas", disse o Rei Mendigo. Elas são muito vistosas. Se vai viver entre os mendigos, tem de se vestir como um deles."

O dr. Usui sacudiu a cabeça, concordando. "Vou me vestir como mendigo, mas não vou mendigar comida. Meu trabalho é trazer a cura. Você vai me alimentar?"

O Rei Mendigo pôs a mão no queixo e pensou. "Você pode comer as migalhas da minha mesa. Isso deve mantê-lo."

O dr. Usui concordou novamente. "Então me deixe começar o meu trabalho."

E assim o dr. Usui começou a dar tratamentos de Reiki aos mendigos. Dia após dia, ele caminhava entre eles e oferecia a cura onde via que era necessário. Todos os mendigos que ele tocava sentiam o poder de cura da energia. Em pouco tempo eles começaram a procurá-lo para se curar. Os dias se transformaram em semanas, e as semanas, em anos. Os mendigos melhoravam, e alguns saíram da Cidade dos Mendigos, mas mesmo assim sempre havia novos mendigos indo morar lá.

Certo dia, um mendigo de feições um tanto familiares procurou o dr. Usui. "Eu não o conheço?", ele perguntou ao mendigo, e pôs a mão sobre os farrapos sujos do homem.

"Sim, senhor, dr. Usui, o senhor me conhece. Eu fui um dos primeiros mendigos que o senhor curou por aqui."

O dr. Usui ficou confuso. "Por que você está aqui para se tratar de novo?", ele perguntou. "Minha intenção era que vocês recuperassem a saúde, saíssem da Cidade dos Mendigos e começassem uma vida nova. Você não fez isso?"

"Bem, eu fiz", admitiu o mendigo. "Mas é difícil trabalhar o dia todo para sobreviver, voltar para casa à noite, cozinhar e, então, no dia seguinte, começar tudo de novo." O mendigo sacudiu a cabeça. "Resolvi que essa vida não era para mim. É muito mais fácil ser pedinte."

O dr. Usui levantou as mãos ao céu e afastou-se do mendigo. Ele estava decepcionado e contrariado. "Nunca mais vou oferecer essa energia de cura de graça. Todos os que a receberem devem valorizá-la. Este é meu último dia de trabalho neste lugar."

Com isso o dr. Usui afastou-se do espantado mendigo e de todos os que, a exemplo dele, tomados de surpresa, ficaram parados e boquiabertos. O dr. Usui afastou-se da Cidade dos Mendigos para sempre. Para continuar seu trabalho, ele se dirigiu à área central de Quioto. Lá, postado numa esquina, com uma tocha reluzente nas mãos debaixo do Sol a pino do meio-dia, ele chamava a atenção da multidão que passava para o almoço: "Quem quer ser curado e voltar a se sentir bem, e que esteja disposto a pagar para ser curado e voltar a se sentir bem, venha a mim. Eu ofereço a cura a todas as pessoas que a valorizam." Embora ele parecesse um maluco, com a tocha no alto querendo tocar o Sol, as pessoas ouviam sua mensagem e o procuravam. Muitas e muitas pessoas acorriam a ele e ficavam curadas, e pagavam com satisfação pelo trabalho que ele realizava; elas valorizavam esse trabalho e ficavam agradecidas por recuperar a saúde.

Essa é a história do início do Reiki em nosso tempo. Ela ilustra muito bem os princípios do Reiki.[4]

Apenas por hoje, não se preocupe.
Apenas por hoje, não se irrite.
Apenas por hoje, trabalhe honestamente.
Apenas por hoje, seja agradecido por tudo o que a vida lhe dá.
Apenas por hoje, seja bondoso com todos os seres vivos.

Essas afirmações não são mandamentos que devem ser obedecidos; nem são dogmas ou doutrina em que se deva acreditar. Elas são princípios que representam valores; se praticados, esses valores nos ajudam a ter uma vida saudável: aceitação, paz da mente, honestidade e integridade, gratidão, bondade e compaixão. Se interpretarmos os princípios do Reiki como critérios mentais ao longo do dia, sempre que as circunstâncias nos induzirem à ansiedade, à irritação, ao queixume ou ao ressentimento, descobriremos que nossas atitudes mudam sutilmente. Os pensamentos e sentimentos negativos que causam o *stress* são afastados e dissolvidos pelo poder de pensamentos e sentimentos positivos. Esse é um passo em direção à cura total de si mesmo, escolhido conscientemente; é uma mudança em nossa mente que dá sustentação à saúde e ao bem-estar do nosso corpo, que então reflete uma serenidade suave e amorosa.

DE GERAÇÃO A GERAÇÃO

Quando minha Mestra de Reiki, Beth Gray, contou a história da redescoberta do Reiki à minha turma, e também nas ocasiões em que participei de um curso de nível I, ela sempre narrou a história como se fosse literalmente verdadeira. Quando recebi minha sintonização de Mestra de Reiki, porém, fiquei sabendo que não há provas de que essa história seja literalmente verdadeira. Embora existam fotografias do dr. Usui, não temos seu visto para os Estados Unidos nem seu diploma expedido pela Universidade de Chicago. Também não sabemos se o dr. Usui tinha um Ph.D. ou se o seu título de "doutor" era uma homenagem ao trabalho de cura que ele realizava.

Sabemos, sim, que Mikao Usui viveu no Japão nos últimos anos do século XIX e se dedicou à busca de uma resposta para a questão de como Cristo curava os doentes.[4] Ele aceitou e assumiu essa busca como a questão da sua vida. Quando encontrou a resposta que estava procurando, pediu orientação espiritual, e quando recebeu essa orientação, talvez sob a forma da visão descrita na história, ele dedicou o resto da vida à realização de um trabalho de cura em sua comunidade.

Sabemos também que o dr. Usui ensinou pelo menos a um japonês, o dr. Chujiro Hayashi, todos os detalhes do método de cura do Reiki que ele aprendera.[5] Esse Mestre de Reiki, que era médico, instalou e manteve uma clínica em Tóquio. Uma de suas grandes contribuições ao Reiki foi codificar as posições das mãos para um tratamento completo.

Hayashi ensinou seus alunos a tratar três áreas do corpo — a parte anterior do tronco, a cabeça e a parte posterior do tronco — para enviar energia de cura a todos os principais órgãos. O aluno aprendia também a tratar uma extremidade que eventualmente precisasse de cura. Em sua clínica em Tóquio, as pessoas podiam apresentar-se e, em troca de uma taxa, recebiam um tratamento completo de Reiki não de um, mas de dois praticantes ao mesmo tempo. Para isso, o dr. Hayashi ensinava um praticante a usar quatro posições específicas para a parte da frente do corpo e instruía o outro praticante a usar as quatro posições específicas para a cabeça. Terminado o tratamento dessas áreas, a pessoa na maca se virava, e os praticantes aplicavam as quatro posições para as costas. As posições de mãos ensinadas no curso de Reiki nível I como Básico I, II e III provêm, então, de Hayashi.

Uma das pessoas que procuraram a clínica do dr. Hayashi foi uma mulher japonesa chamada Hawayo Takata, que

Chujiro Hayashi, Mestre de Reiki, iniciado pelo dr. Usui

morava no Havaí.[6] Ela tinha uma vida normal, tendo se casado e criado dois filhos. Depois que seu marido morreu, ela ficou muito doente. Querendo recuperar-se, seguiu tratamentos prescritos por médicos ocidentais, e, justamente quando estava para submeter-se a uma operação delicada, ela ouviu uma voz que dizia que a operação não era necessária. Ao rejeitar a cirurgia e perguntar sobre outros métodos de cura, o cirurgião lhe falou sobre a clínica do dr. Hayashi em Tóquio. Ela se organizou para voltar ao Japão e tratar-se na clínica de Hayashi.

Takata ficou tão impressionada com a eficácia dos tratamentos que recebeu que pediu para aprender a tratar a si mesma e a sua família e amigos. Hayashi ensinou-a, mas isso não foi suficiente. Quando viu a recuperação de seus familiares e amigos, ela ficou ansiosa para aprender a ensinar Reiki. Então pediu a Hayashi que lhe desse a formação de Mestra de Reiki. No início, ele não queria fazer isso. Afinal, ela era mulher, e não vivia no Japão, mas nos Estados Unidos. Mas Takata era persistente. Repetidas vezes ela implorou a Hayashi que a capacitasse a ensinar Reiki. Repetidas vezes, ele ouviu seu pedido contrafeito.

Mas percebeu que o mundo estava mudando. Em meio à agitação que precedeu a Segunda Guerra Mundial, as relações entre o Japão e os Estados Unidos foram ficando cada vez mais tensas. Hayashi anteviu os horrores que se abateriam sobre seu país, e como oficial da reserva da marinha, ele esperava ser convocado. Resolveu então que não participaria daquela guerra, e preparou-se para fazer a passagem para a outra vida. Para completar sua tarefa neste mundo, ele escolheu Takata para ser Mestra de Reiki.

Takata era a sucessora perfeita para Hayashi. Ela morava no Havaí, mas podia viajar livremente para o Japão e para os Estados Unidos, onde freqüentemente trabalhava como tradutora e intérprete. Ela se tornou uma ponte entre as duas nações em guerra. Muitas pessoas recorriam a ela e à clínica que ela fundou no Havaí para dar continuidade ao trabalho de Hayashi e do dr. Usui.

A grande contribuição de Takata ao Reiki foi iniciar 22 (talvez 23) Mestres de Reiki. Esses Mestres viajavam por todo o mundo ensinando Reiki e tratando pessoas. Desse modo, em meio às conseqüências da Segunda Guerra Mundial, num tempo de grande aflição e sofrimento, ela semeou no mundo o conhecimento da cura. Ao ensinar esses muitos Mestres de Reiki, Takata fez uma coisa extraordinária: ensinou variações do método e dos símbolos. Essas variações vêm se revelando nos últimos anos, à medida que Mestres de Reiki modernos falam mais abertamente sobre o que aprenderam e como ensinam.

Inicialmente, essas diferenças nos métodos e símbolos causaram perplexidade e, para alguns, justa indignação. (É difícil abandonar a idéia de que o método que lhe ensinaram é o único "correto", quando você sabe, por anos de experiência tratando com sucesso, que esse método funciona — e funciona absolutamente bem.) Alguns Mestres de Reiki modernos especularam que Takata teria prometido a Hayashi não ensinar Reiki nos Estados Unidos enquanto os dois países estivessem em guerra, e teria mantido essa promessa ensinando apenas parte do que ela sabia como se fosse tudo; seria assim que variações nos métodos e símbolos poderiam ter se desenvolvido.

Outros acreditaram que as variações foram conseqüência dos esforços de Takata para manter estritamente a tradição oral. Ela não permitia que seus alunos — mesmo os vinte e tantos Mestres de Reiki — tomassem notas durante as aulas. Tudo devia ser aprendido de cor. Certamente, quando o que lhe é pedido para memorizar é um símbolo longo e compli-

Hawayo Takata, Mestra de Reiki, iniciada por Hayashi

cado numa língua estrangeira que você está proibido de escrever, a memória pode vacilar. Mesmo que a memória não titubeie, a escrita e o gesto são individuais. Algumas variações parecem ser um resultado claro de diferenças individuais desse tipo.

Entretanto, hoje acredito que Takata ensinou intencionalmente as variações a que me refiro. O legado de Takata não foi apenas ter disseminado o ensino de Reiki como se fosse uma semente, e a Terra toda um solo fértil. Ao ensinar métodos e símbolos variados, ela nos deu a simplicidade da verdade. O Reiki não é nenhum método ou conjunto de símbolos único; Reiki é a própria energia vital universal. Essa energia opera com uma inteligência que está além da compreensão humana para criar a cura que é maior do que ousamos esperar. Essa energia responde ao pedido de cura de todo praticante de Reiki que está adequadamente sintonizado, quaisquer que sejam os métodos e símbolos que ele adote.

Takata nos colocou diante do mesmo enigma que uma criança enfrenta quando aprende que pessoas de todas as partes do mundo rezam a Deus em línguas diferentes e que Deus responde às suas preces. Como Deus faz isso? Como o Reiki funciona, seja qual for a língua do praticante, o método ou os símbolos usados, a precisão ou a falta de precisão com que os símbolos são feitos?

O Reiki não se envolve com diferenças; seu único intuito é curar e plenificar. Ele realiza esse intuito por meio de uma energia universalmente acessível que sustenta e fortalece a vida e cuja verdadeira natureza é o amor incondicional. O fato de podermos ter acesso a essa poderosa energia de cura quando somos adequadamente sintonizados, quaisquer que sejam as posições de mãos ou símbolos que aprendemos, é um testemunho da sua natureza universal, expresso pela própria energia. Nós sentimos sua presença, testemunhamos seus efeitos e aprendemos o mistério do seu amor "de coração" [no original, "by heart", "de cor"].

O REIKI E A RELAÇÃO CORPO/MENTE: TODO CONHECIMENTO É MEMÓRIA

O que pensamos e o que sentimos afetam profundamente nosso corpo físico, e no entanto a idéia de que, de algum modo, somos em parte responsáveis pela criação de nossas doenças ainda é considerada absurda por muitas pessoas.

"Você está dizendo que eu mesmo provoquei o ataque cardíaco que tive? Por favor, não insulte minha inteligência."
"Tenho asma desde os quatro anos de idade. Como você pode dizer que sou responsável por uma coisa que começou quando eu era criança?"
"Você acha que eu queria contrair lúpus? Agora sou sócio no escritório de advocacia e trabalho com casos difíceis o tempo todo. Não posso me dar ao luxo de ficar doente."

O entendimento do processo da doença que considera o corpo como separado da mente tem sido comum em nossa cultura — e entre os médicos em exercício — durante a maior parte deste século. As pesquisas médicas baseadas em métodos empíricos desenvolvidas a partir da Revolução Industrial não davam respaldo (até recentemente) a um ponto de vista mais holístico. Por isso o sistema imunológico tem sido visto como distinto e separado de todos os outros sistemas do corpo, capaz de promover a defesa do corpo sem ser influenciado pelo estado mental ou emocional do paciente.

As duas últimas décadas de pesquisas, porém, ofereceram uma base científica para uma mudança profunda na filosofia e na prática médicas. Não somente a física quântica nos deu um novo entendimento da relação entre pensamento, energia e matéria, mas ainda os neurocientistas moleculares e comportamentais determinaram que os receptores químicos que transmitem a emoção estão presentes no cérebro e nos tecidos do sistema imunológico — medula óssea, timo, baço, nodos e vasos linfáticos. Isso relaciona diretamente o poder dos pensamentos e sentimentos do paciente com sua capacidade de combater a doença.

Embora a maioria das pessoas considere correta essa "nova" visão da relação corpo/mente, em meu primeiro contato com o Reiki eu me senti muito embaraçada diante da naturalidade com que meus colegas e outros praticantes contavam histórias sobre os perigos de um modo de pensar negativo e das emoções reprimidas. Eu me remexia na cadeira ao ouvir depoimentos como estes:

"Meu amigo João teve um ataque cardíaco e morreu seis meses depois de sua mulher. Ele era muito apegado a ela. Durante o funeral da esposa, ele me disse que não sabia o que iria fazer de sua vida, pois ela era sua razão de viver."
"Minha cunhada ficou sabendo que seu marido estava tendo um caso amoroso havia anos, e isso a vem corroendo por dentro. Agora ela recebeu o diagnóstico de câncer no seio."

Eu estava assustada com a idéia que as histórias transmitiam, de que pensamentos e emoções negativos podem expressar-se no corpo como doença. Seria cada pensamento negro e frívolo tão perigoso? Todo dia triste se traduziria no corpo físico como dor? As conseqüências de ser "livre-pensador" pareciam graves, e a tarefa de controlar a mente consciente afigurava-se colossal.

Os debates dos colegas direcionaram-se para as soluções. A advertência de Peter McWilliams em *You Can't Afford the Luxury of a Negative Thought* foi introduzida na discussão. O poder do pensamento positivo foi descrito, e o uso de afirmações, recomendado, especialmente para transformar pensamentos negativos de doença e sofrimento em pensamentos positivos habituais com efeitos benéficos. A obra de Louise L. Hay, que se curou de câncer depois de ser considerada terminal, foi citada, e seus livros e fitas sobre cura foram recomendados. Sem dúvida, minha professora acreditava na mensagem de Louise Hay: "Os pensamentos que você resolve pensar criam as experiências que você tem."[7]

Eu não estava satisfeita. Como criança educada na Igreja católica, eu me esforçava para compreender como controlar minha mente consciente. Como adulta que meditava todos os dias, eu ainda me esforçava — e tentava não me esforçar. Eu não me sentia bem em receber a orientação de "fazer trabalho mental". O que me tocou mais profundamente — e mudou minha compreensão — foram as quatro meditações dirigidas de minha professora, sobre o amor, a gratidão, o perdão e a alegria. Essas meditações despertaram em mim uma sensação de ligação com o Espírito, tranqüilizando minha mente e acalmando meu corpo físico, resultados que as recomendações de praticar o pensamento positivo não haviam produzido.

Nos anos seguintes, aprendi a usar afirmações para mudar meu estado de espírito e para criar uma realidade mais de acordo com o que eu queria. Usei também visualização, oração e meditação para focalizar minhas intenções, pedir orientação e centrar e acalmar minha mente. Todas essas práticas tiveram sua eficácia — mas nenhuma foi tão permanentemente eficaz para modificar meus pensamentos e emoções como praticar Reiki. Por isso, achei difícil transformar afirmações e visualizações num hábito diário; a oração já era um hábito. E o Reiki? O Reiki simplesmente fluía por minhas mãos com a energia do amor incondicional, quer eu estivesse pensando positivamente ou não, quer eu estivesse distraída ou angustiada ou não. A experiência do Reiki foi tão compassiva com minha mente irrequieta que eu me apaixonei por ele e desde então continuo apaixonada.

Hoje sei que perdi parte da mensagem de Louise Hay, quando em aula falávamos do seu trabalho: "[...] quando um cliente vem a mim, não importando quão horrível seja sua situação, eu *sei* que, se ele está *disposto* a realizar o trabalho mental de libertação e de perdão, praticamente tudo pode ser curado. A palavra 'incurável', tão assustadora para tantas pessoas, realmente só significa que a condição específica não pode ser curada por métodos 'externos' e que precisamos ir ao *interior* para efetuar a cura."[8] O trabalho mental que nos foi recomendado em aula não é uma simples questão de mudar os padrões de pensamento negativos. Para criar a cura permanente é necessário mudar a mente. Para mudar a mente é necessário mudar o coração.

Pesquisas recentes em psiconeuroimunologia — o estudo dos modos como a mente e o corpo afetam o sistema imunológico — hoje confirmam isso. Usando tecnologias de MRI e de escaneamento CAT,* os cientistas conseguem observar o que acontece enquanto uma pessoa pensa e sente. O córtex cerebral, a parte do cérebro de evolução mais recente, cintila com o lampejo de um único pensamento. A amígdala, localizada no mesencéfalo, bem mais antigo, ilumina-se com a emoção. Essas pesquisas e trabalhos correlatos realizados em pacientes com lesões cerebrais levaram os cientistas a compreender que "a amígdala tem uma capacidade maior de controlar o córtex do que o córtex de controlar a amígdala."[9] Em outras palavras, as emoções comandam os pensamen-

---

* MRI: abreviatura de magnetic resonance imaging. CAT: abreviatura de computerized axial tomography.

tos, e não o contrário. Ou, como o poeta e. e. cummings escreveu, "[...] o sentimento antes[...]".[10] Esse pode ser um dos motivos por que o Reiki transforma tão completamente, curando o praticante tanto quanto o cliente, em tempo, em todos os níveis do ser. O amor governa. O amor incondicional governa com mão ainda mais forte.

Todas as sintonizações do Reiki Usui tradicional abrem os centros de energia para o fluxo da energia vital na coroa da cabeça, no coração e nas mãos. (Numa das aulas de que participei, Beth Gray nos mostrou a fotografia de uma de suas alunas que acabara de receber uma sintonização. Um grande raio branco de luz descia do alto para o coração da aluna. Em todas as fotos, o raio convergia para o coração. Não era nenhum truque, retoque ou defeito no filme; o que em geral é invisível simplesmente se tornara visível.) A experiência dessa energia traz a cura e se "apresenta como" compaixão e amor incondicional.

Estudos recentes no Institute of HeartMath, em Boulder Creek, Califórnia, "mostram que nossas emoções positivas podem mudar o campo energético que envolve o coração. O batimento cardíaco fica mais regular quando sentimos, fluindo do coração, alegria ou amor por alguém ou compaixão pelos desamparados". O diretor de pesquisa do instituto, Rollin McCraty, MA, vê o coração como "o mais poderoso oscilador eletromagnético do corpo". Ele "puxa, ou arrasta consigo, outros órgãos do corpo para o mesmo ritmo", inclusive o cérebro. O resultado é que "se o batimento cardíaco é regular, ele produz aumentos correspondentes da clareza, da recuperação de estados de espírito negativos, da percepção intuitiva e da serenidade"; ele também melhora a saúde e possibilita uma reação mais vigorosa do sistema imunológico.[11]

Embora eu não saiba com certeza se meu batimento cardíaco é mais regular quando me trato com Reiki, posso dizer que o sentimento de compaixão que sinto tomar conta do meu coração perpassa imediatamente todo o meu ser, e que essa experiência é comum a todos os que praticam Reiki tradicional. Com o amor pela vida e a compaixão que sentimos quando praticamos, podemos arrastar nossos pensamentos conscientes mais facilmente, fazer afirmações com mais convicção, visualizar com mais clareza e rezar com sinceridade e gratidão. Desse modo, podemos trabalhar com a energia para curar a nós mesmos.

É importante reconhecer, porém, que o verdadeiro agente da cura é a energia, e que harmonizar nossos pensamentos e despertar para o amor em nosso coração é mais fácil devido a uma transformação de cura interior que ocorre. Se os cientistas pesquisassem o local específico dessa transformação, acredito que o encontrariam na parte mais recôndita do cérebro, no ápice da medula oblonga, que os sábios orientais relacionam com a experiência espiritual e que os cientistas ocidentais reconhecem como a região que governa as funções involuntárias do corpo — o batimento cardíaco, a respiração e o pulso. Mas eu não sei. Penso que talvez seja assim devido às minhas experiências com o Reiki e com a intenção.

Um dia, durante uma aula sobre as posições das mãos, uma aluna, uma praticante e eu tratávamos outra aluna com as posições específicas para as costas. Como resposta a uma pergunta sobre intenção, sugeri às minhas auxiliares que fizessem uma experiência. Pedi à praticante que tentasse dirigir o fluxo da energia, já forte nas mãos de todas nós. Sugeri então que ela imaginasse, afirmasse e rezasse, sem revelar o que pedia. Em poucos instantes, a aluna que estava sendo tratada disse: "Ah, senti isso! A energia projetou-se da omoplata para o quadril, e daí para o sacro." Quando perguntamos à praticante o que ela havia imaginado e pedido à energia, ela respondeu: "Imaginei a energia como uma torrente de triângulos azuis de cobalto deslizando como uma bola de bilhar lançada diretamente da omoplata até o quadril e daí ricocheteando para o sacro." Sem dúvida, a experiência confirmou que podemos aplicar a intenção de diversos modos ao trabalhar com a energia Reiki, e com bastante sucesso. Entretanto, quando a praticante parou de visualizar, afirmar e rezar — isto é, de expressar conscientemente uma intenção — a energia continuou fluindo por suas mãos, retomando o fluxo intenso e constante que havia precedido nosso experimento.

Essa foi uma boa demonstração de como um praticante de Reiki pode trabalhar com expressões criativas de intenção em cooperação com a energia. Ao mesmo tempo, ela salientou a simples verdade de que a intenção do praticante é irrelevante. Se a energia receber uma oportunidade de curar, ela irá curar, quer o praticante trabalhe com intenção consciente ou não.[12]

Os Mestres de Reiki tradicionais ensinam, como ensinou Takata, que a intenção do praticante é irrelevante. Além de aplicar as mãos à área que precisa de tratamento, não há nada que o praticante precise fazer em termos de centramento, embasamento, calma e controle mental. A energia fará todos os ajustes necessários no interior do praticante para criar a cura. Em *Reiki: Hawayo Takata's Story*, Helen Haberly escreve: "A sra. Takata ressaltou que [o Reiki] é simples, natural e científico. Ele não implica nenhuma magia, nenhuma 'prestidigitação', e também não há necessidade de criar nenhum estado alterado de consciência para realizar esse trabalho. É suficiente manter-se concentrado na tarefa; o Reiki opera automaticamente sempre que as mãos são aplicadas à área que dele necessita."[13]

Compreender e aceitar esse conceito tem me permitido (e a muitos outros praticantes) aplicar Reiki em circunstâncias caóticas e traumáticas, como também ao usar "atenção dupla" — concentrando-me conscientemente numa conversa, quando estou aplicando um tratamento por imposição das mãos, ou num livro ou filme, enquanto minhas mãos fluem com a energia para enviar cura a distância. Tenho feito assim sem remorso por essa falta de concentração, porque entendo que nem eu ("o ego", ou a personalidade com que me identifico) nem minha mente consciente, que nutre pensamentos tanto de saúde como de doença, e de muitas outras coisas, realizamos o trabalho de cura. A energia Reiki trabalha através de mim, a despeito da minha falta de concentração e das minhas mudanças de estado de espírito, segundo a orientação do Espírito — com uma inteligência muito maior que a minha e uma compaixão que está muito além da minha compreensão.

Como? O que entendo depois de anos de prática de Reiki — que só reforçaram o ensinamento dos Mestres de Reiki Usui tradicionais de que a intenção do praticante é irrelevante — é que as quatro sintonizações exigidas para praticar a cura por imposição das mãos instalam um canal seguro e estável para a energia de cura abaixo do limiar da mente consciente. É por isso que praticantes às vezes relatam que suas mãos se ligam espontaneamente durante o sono, ou quando entram numa sala cheia de gente, ou quando sentam à mesa de trabalho para esculpir ou costurar. É por isso também que a atenção do praticante pode vaguear enquanto ele aplica um tratamento, fato que não provoca nenhuma alteração no fluxo da energia, exceção feita às alterações ditadas pela necessidade do cliente. E é por isso, finalmente, que o praticante, como também o cliente, pode curar-se gradativamente em todos os níveis do ser.

Como minha mente muitas vezes quer explicações científicas, venho querendo saber se as quatro sintonizações que instalam o canal de cura Reiki seriam como programar um computador; a repetição "condiciona" as vias energéticas, do mesmo modo que ela condiciona a rota que um impulso elétrico percorre através de um minúsculo *chip* de silício. O que parece claro é que o Reiki é "instalado" no praticante tão profundamente quanto o ritmo cardíaco, a respiração e a pressão sangüínea — processos que em geral também operam abaixo do nível de intenção consciente por intermédio do sistema nervoso autônomo. (Embora possamos desenvolver a capacidade de regular a respiração, de estabilizar o batimento cardíaco ou de baixar a pressão sangüínea, não podemos parar essas funções com a intenção; como também não podemos interromper o fluxo do Reiki.)

Isso nos dá um eixo de intenção que é compreensível em termos de funções voluntárias e involuntárias. Para um praticante treinado segundo os padrões tradicionais, o fluxo do Reiki é involuntário. Podemos, porém, exercer uma leve influência, à semelhança do que acontece com as funções involuntárias do nosso corpo: com a respiração, podemos deliberadamente diminuir ou aumentar seu ritmo ou retê-la. Com o Reiki, podemos entrar em harmonia com o fluxo por meio de nossas mãos, e podemos, com a mente consciente, visualizar, afirmar ou rezar por um certo efeito de cura.

Isso significa que o trabalho mental de cura necessário para uma recuperação completa e permanente pode ser realizado com muito mais facilidade para o praticante, devido à mudança fundamental criada no nível mais íntimo do ser — uma ligação redespertada com o coração e com a fonte da vida. Usar o Reiki para trabalhar com a mente e com o corpo torna-se simples:

Para mudar sua vida, mude sua mente.

Para mudar sua mente, mude seu coração.

Para mudar seu coração, use Reiki, e deixe que a energia do amor incondicional flua através de você e o transforme. Quando você pensar nisso, acrescente o poder da oração. Quando pensar nisso, trabalhe com visualizações e afirmações. Continue usando sempre o Reiki e desfrute sua própria cura, que de modo gradativo, mas inevitável, há de chegar.

Ao trabalhar com um cliente, partilhe a experiência da energia com um sorriso, com uma palavra amável, com a suavidade do seu toque. Ajude o cliente a avançar em direção à recuperação deixando claro que você está à disposição para servi-lo por meio da aplicação de Reiki. Ouça suas mãos. Mantenha-as na posição pelo tempo que o corpo do cliente pedir energia. Agindo desse modo, o fluxo da energia acalmará o coração do seu cliente, e o coração tranqüilizará todos os níveis do ser, acelerando a cura e aumentando o amor pela vida.

Se você perceber que seu cliente precisa fazer muito esforço mental para aceitar a cura física, procure fazer com que ele chegue a essa aceitação conscientemente. Isso pode significar que você precise tratar o cliente regularmente durante meses em silêncio solidário. Quando, e se, o cliente começar a reconhecer que ele precisa rever seu modo de pensar ou reconhecer sentimentos reprimidos que contribuíram para criar a doença, tenha clareza quanto ao papel que você exerce como provedor do tratamento. A menos que você seja qualificado por outras certificações ou programas de licenciamento, ou por treinamento voluntário em aconselhamento, tenha consciência de que você só pode aconselhá-lo como amigo, não como profissional.* Se ele disser que o tem na conta de amigo, ouça-o e aconselhe-o nesses termos. Se não, você pode ficar mais à vontade e dizer que sua relação com ele é profissional e que você tem condições de

---

* Esse treinamento voluntário pode incluir formas de aconselhamento para os que atendem a chamadas telefônicas num centro de ajuda a pessoas com problemas ou num abrigo para mulheres, por exemplo. A International Peer Co-Counseling, uma conceituada organização de aconselhamento, oferece programas de treinamento bastante extensos por taxas irrisórias.

encaminhá-lo a terapeutas, grupos de apoio ou outros grupos de orientação para que ele possa obter o tipo de ajuda de que precisa especificamente naquele momento. Mostre a ele que o Reiki já o está ajudando a criar a mudança em seu estado mental e emocional, ou ele não estaria pedindo ajuda.

No início da sessão de tratamento, você pode fazer uma oração pedindo que a energia cure o estado mental e emocional do cliente e também seu corpo físico, ou afirme que a cura completa e permanente ocorrerá em todos os níveis do ser. Embora a energia funcione em harmonia com a inteligência inata da força vital universal inerente ao cliente para processar a cura onde ela for necessária, sua participação no processo pode ser mais do que a simples imposição de mãos de Reiki.

Embora o cliente possa considerar longo o tempo recomendável para realizar um trabalho mental e emocional que sustente uma cura completa e permanente, advirta-o de que isso é importante. Continuando a tratá-lo com Reiki pela imposição das mãos (e talvez você aprenda e aplique técnicas de cura a distância para a cura mental e emocional), a cura em todos os níveis do ser ficará acelerada, e a recuperação então será uma questão de tempo. Quanto maior for a freqüência com que o cliente invocar e aceitar a cura, tanto mais rapidamente ele sentirá o fluxo de energia como amor, alento e toque que acalma o coração. O cliente terá assim o apoio de que necessita enquanto faz o trabalho mental de cura por meio da terapia e de outros métodos de processamento interior, acelerando seu progresso também nisso.

Você também pode sugerir ao cliente que ele trabalhe individualmente com o eixo da intenção (isto é, tanto acima como abaixo do limiar normal da intenção consciente) com meditação ou *biofeedback*, técnicas de controle do *stress*, afirmações, visualizações ou orações — o que for apropriado e favorável para ele. Esteja preparado para sugerir livros, professores ou cursos da área em que você atua para que, por esses meios, ele possa trabalhar por sua própria cura. Desse modo, o cliente pode chegar a relacionar-se adequadamente consigo mesmo como ser espiritual e com sua doença como uma oportunidade para rever e reavaliar sua vida, viabilizando uma recuperação completa, permanente e muito mais sólida.

O Reiki não interfere na vontade da alma, embora no devido tempo ele transforme até o coração e a mente mais resistentes, propiciando uma sensação de recuperação emocional e espiritual a muitos que iniciam um tratamento nos últimos dias de sua doença. Nesses casos, o Reiki aliviará dores atrozes e trará uma sensação de paz e aceitação. Às vezes o praticante, assim como o cliente, precisa aprender a aceitar que a morte, a seu modo, também é cura. A última lição da mente e do corpo é uma lição de retorno à mesma força vital universal amorosa que nos deu origem, que flui dentro de nós todos os dias de nossa vida. Com esse retorno surgem novas possibilidades que podemos vislumbrar nas histórias de sobreviventes que passaram por experiências de quase-morte, que descrevem uma sensação indizível de amor e de esperança, e dos que se lembram de encarnações anteriores e fornecem detalhes de vidas passadas. À medida que aprofundamos nosso conhecimento de quem somos, e começamos a conhecer a nós mesmos como almas e seres energéticos e também como indivíduos com um corpo físico, um nome, endereço, família e emprego, talvez comecemos a ver a morte como um tempo de celebração. Adotar esse modo de pensar pode ser apenas uma questão de mudar nossa mente.

7

Anatomia Humana Prática

APROFUNDANDO A PERCEPÇÃO, DESPERTANDO A SENSIBILIDADE

A terceira sintonização, feita nos mesmos moldes da primeira e da segunda, convida os alunos a uma percepção mais aprofundada da energia Reiki por meio de uma experiência que pode ser totalmente individual ou conjunta. Alunos que se sentam lado a lado às vezes relatam que ouvem o mesmo som, como o gongo de um templo, ou que têm a mesma visão, como se sentassem um ao lado do outro não somente na aula de Reiki, mas também em outras dimensões de tempo e espaço.

"Eu senti você andando ao meu redor. Tive a sensação de que alguma coisa como um cone de luz desceu sobre minha cabeça quando você estava atrás de mim. Ainda tenho essa sensação. Sinto também as mãos; elas parecem cintilar."

"Esse é um bom termo para a sensação. Mãos cintilantes. Como se eu as movimentasse sobre um copo de gengibirra. E totalmente quentes. Vou ter de tirar esse suéter."

"Em paz. Sinto calor desde as mãos até os ombros."

"*Eu estava pensando na minha filha. Ela está na faculdade neste momento, mas fiquei pensando que ela realmente gostaria de estar aqui. Ela gostaria de poder fazer isso. Minhas mãos estão quase como na vez anterior — muito quentes.*"

"*Não sei se tenho alguma sensação diferente da vez anterior. Mas me sinto relaxada e bem. Minhas mãos estão cheias de energia. Por que os professores não ensinam isso na escola?*"

"*Desta vez, tudo foi mais calmo do que na primeira e segunda sintonizações. Sinto muito mais energia nas mãos, porém.*"

À medida que os alunos se dão conta de que sua percepção do fluxo da energia Reiki através de suas mãos está se aprofundando e de que sua consciência das sensações sutis está se tornando mais aguçada, eles começam a ouvir em múltiplos níveis: ouvem muito atentamente suas mãos e, de uma maneira mais solta, seu Mestre de Reiki. Esse é um bom momento para o professor revisar rapidamente a anatomia humana. Embora ninguém precise conhecer anatomia para usar Reiki, um certo conhecimento do funcionamento do corpo e do nome de suas partes sempre pode ser útil. Há três boas razões para adquirir essa compreensão básica: lidar com a dor referencial; capacitá-lo a descrever sua experiência claramente para um médico convencional; e compreender as impressões intuitivas que você pode receber relacionadas com a natureza da condição clínica do cliente.

Dor referencial é a dor que ocorre a uma certa distância do local da lesão ou da infecção. Por exemplo, muitas das mais de duzentas variedades do vírus do herpes criam dor referencial. Uma vez contraído, o vírus vive incubado no ponto onde os nervos saem das vértebras da espinha. Quando uma pessoa portadora do vírus se cansa ou debilita, o vírus se desloca ao longo do nervo para um ponto distante e provoca lesões, bolhas ou vermelhidão e erupções cutâneas. Mãos de Reiki podem diminuir a dor do herpes-zoster, causado por um vírus do herpes, quando aplicadas sobre essa inflamação, mas elas serão mais eficientes em acelerar a cura se aplicadas diretamente sobre as vértebras da espinha que encobrem as raízes dos nervos infectados.

A dor referencial pode levar o praticante a pensar que ele tratou a causa de uma enfermidade, quando o que ele de fato fez foi aliviar ligeiramente o sintoma. Embora a origem da maioria das dores possa ser muito clara, é bom lembrar que tanto uma infecção (como o herpes) como uma lesão (como a síndrome de túnel carpal) podem provocar dor referencial. Se você tem dúvidas de que um sintoma esteja reagindo ao Reiki com a rapidez que você esperaria com base em suas experiências anteriores, procure informações sobre a doença que você está tratando e tente descobrir suas possíveis causas. Nos tratamentos seguintes, adapte as posições das mãos, se necessário, para tratar não só os efeitos, mas também as causas da infecção ou da lesão. Fazendo assim, é provável que seus progressos sejam muito mais rápidos.

Como praticantes de Reiki muitas vezes obtêm bons resultados ao tratar pessoas com problemas que a medicina convencional não consegue resolver, é prudente conversar com o médico ou a enfermeira do cliente, se eles se mostrarem receptivos. Os resultados do trabalho de Reiki com pacientes em hospitais e em clínicas especializadas falam por si mesmos, mas ainda são muito poucos os relatórios de pesquisas publicados nas revistas médicas para que a maioria dos médicos e enfermeiros possam valorizar o Reiki (embora essa situação esteja mudando rapidamente). Por isso, falar com conhecimento de causa e com base na experiência prática pode ser muito proveitoso para todos os envolvidos.

Muitos praticantes de Reiki também descobrem que depois do treinamento de imposição das mãos, eles começam a "ver" intuitivamente lampejos do que está acontecendo dentro do corpo. Por exemplo, um praticante pode receber a impressão de uma mudança no diâmetro dos intestinos ao trabalhar sobre o abdômen de um cliente. Se ele sabe que, de fato, os intestinos têm o diâmetro alterado no trajeto do estômago ao cólon, pode tentar compreender outros detalhes da imagem que vê sem ficar confuso com algo que é normal. Essas impressões podem ser recebidas com mais tranqüilidade se o praticante dispõe de um conhecimento que possa dar-lhes sentido.

Por todos esses motivos, é proveitoso aprender anatomia humana básica e ficar à vontade com a terminologia usada para descrever as partes do corpo. Além de fazer de você um praticante mais eficiente, esse conhecimento básico também o capacita a comunicar-se com mais clareza com o cliente e com o pessoal médico envolvido no seu atendimento. Com confiança na própria capacidade de expor sua experiência de forma articulada e com o conhecimento experiencial do trabalho de cura realizado pela energia Reiki, você manifestará um profissionalismo como praticante da área da saúde alternativa pelo qual seus clientes e colegas terão grande respeito.

REVISÃO DO CORPO HUMANO: BÁSICO I

O Básico I abrange a frente do corpo, especificamente a pele, os músculos, os ossos e os órgãos localizados entre a ligeira elevação óssea chamada processo xifóide, na base do esterno, e o topo do osso pubiano. Nesse espaço estão as vísceras — os órgãos da digestão, do metabolismo e da excreção; os órgãos reprodutores internos; as glândulas supra-renais e o pâncreas, secretores de hormônios; e o baço, purificador do sangue e produtor de anticorpos (ver ilustração 5). Estômago, fígado, pâncreas, vesícula biliar, intestino, rins e ureteres trabalham juntos para digerir, armazenar e distribuir nutrientes e eliminar os resíduos. A maioria desses órgãos realiza funções essenciais, embora haja certa "redundância do sistema". Por exemplo, a função renal pode ser mantida mesmo quando um rim funciona com apenas dois terços de sua capacidade.

Esses órgãos se ajudam mutuamente, e também o corpo todo, numa complexa harmonia. Por exemplo, quando o estômago transfere seu conteúdo para o intestino delgado, o ácido estomacal estimula a parede intestinal a produzir um mensageiro químico (chamado secretina) que é levado pela corrente sangüínea ao pâncreas. O pâncreas responde liberando no intestino o suco pancreático, que neutraliza o ácido, decompondo ainda mais o alimento de forma aproveitável. Em seguida, os intestinos enviam o sangue rico em nutrientes para o fígado, que atua como depósito e centro de expedição para o abastecimento de combustível do corpo (e que desempenha também muitas outras funções).

Dando suporte a essas muitas funções corporais, a aorta e a veia cava (os principais vasos sangüíneos paralelos à espinha) e suas ramificações fazem circular o sangue; os nervos transmitem informações; e o pâncreas e as glândulas supra-renais secretam hormônios para órgãos, tecidos e células-alvo para manter as atividades que estão em andamento e disparar os mecanismos de emergência.

Os pontos "extras" da parte alta do corpo no Básico I incluem o coração, os pulmões, os seios e a glândula timo, que combate a infecção, situada atrás do esterno. Os pontos "extras" da região baixa do corpo incluem os órgãos reprodutores a as "dobradiças", ponto onde o tronco se une às coxas. Nessa área, as artérias e veias femorais fazem circular o sangue que vai para as pernas e retorna, e muitas glândulas linfáticas fabricam anticorpos e destroem e dispersam os resíduos de infecção.

O Reiki pode ser de grande valor na manutenção ou restauração do funcionamento saudável desses órgãos e tecidos porque ele trabalha em harmonia com a inteligência inata do corpo, revitalizando as células com a energia vital universal e restabelecendo a saúde.

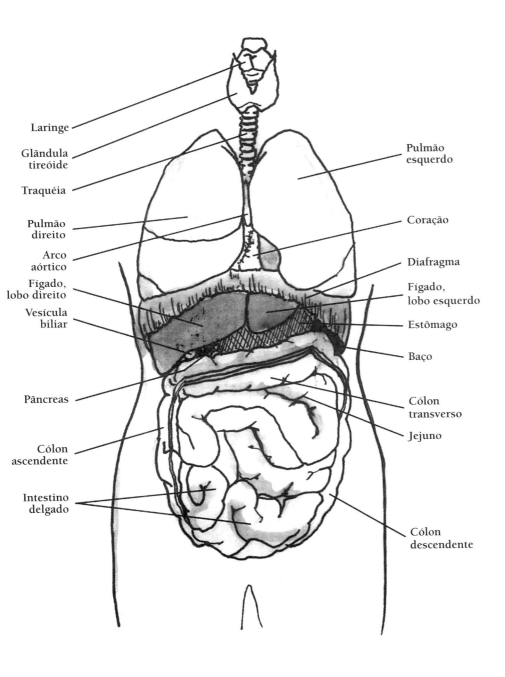

Ilustração 5: Interior do tronco, vista frontal

REVISÃO DO CORPO HUMANO: BÁSICO II

O Básico II abrange a cabeça em quatro posições padrão, da primeira posição, sobre a testa e os olhos, até a quarta posição, na parte posterior do crânio. No interior dessa área estão o cérebro e os órgãos sensoriais primários: os olhos, os ouvidos, o nariz, e partes da boca e da pele, todos com vias nervosas que os ligam diretamente ao cérebro para rápido processamento das informações sensoriais. Também nessa área está a extremidade bulbar da medula espinhal, chamada medula oblonga, que sustenta as funções involuntárias e essenciais da vida, como o ritmo cardíaco e a respiração. O intenso nível de atividade cerebral é mantido por um forte fluxo sangüíneo rico em glicose e oxigênio que

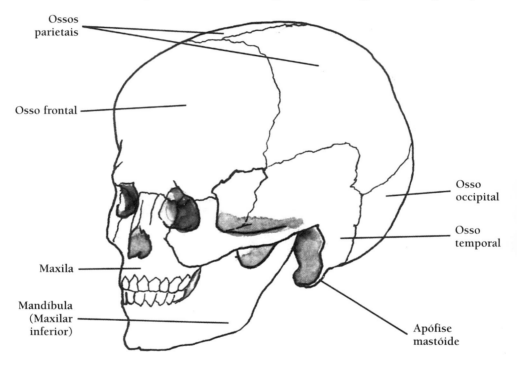

Ilustração 6: Os ossos do crânio

circula pelas grandes artérias carótidas e veias jugulares (nas laterais do pescoço) e também por muitas outras artérias e veias menores.

O cérebro é o órgão superintendente, e, no interesse da sobrevivência da espécie, ele está cuidadosamente protegido. Resguardando e protegendo o cérebro de golpes vindos da frente, de cima, dos lados e de trás estão todos os ossos do crânio: os ossos frontal, parietal, temporal e occipital (ver ilustração 6). A membrana coriácea chamada dura-máter e o fluido cerebrospinal que corre no seu interior cumprem seu papel de almofada macia em torno do cérebro. Finalmente, preservando o cérebro de golpes vindos de baixo, temos a coluna vertebral, óssea e segmentada, que atua como amortecedor para moderar e dispersar a força do impacto físico por meio da flexão, extensão e alinhamento das vértebras e discos.

A parte maior e de evolução mais recente do cérebro (protegida pelos ossos frontal, parietal e temporal do crânio) é a "massa cinzenta", a sede do pensamento consciente, das ações voluntárias, da percepção sensorial e do movimento intencional (ver ilustrações 7 e 8). O cérebro se divide nos hemisférios direito e esquerdo; os hemisférios se ligam por meio de muitas faixas fibrosas

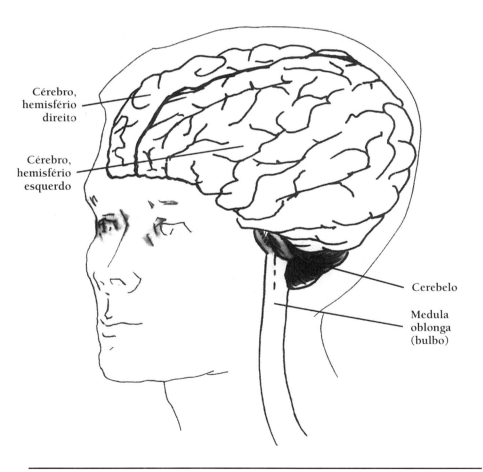

Ilustração 7: Interior do crânio, vistas frontal e lateral

que contêm feixes nervosos, as vias neurais que transmitem informações entre os hemisférios.

Embora a massa cinzenta de ambos os hemisférios se assemelhe muito, há uma pequena sobreposição de funções. Os atos de falar, ler e escrever são geralmente governados pelo hemisfério esquerdo; habilidades musicais e artísticas e o pensamento criativo em geral se originam no hemisfério direito. A percepção das sensações no lado direito do corpo é geralmente registrada no hemisfério esquerdo, e vice-versa; o movimento deliberado no lado direito do corpo é dirigido pelo hemisfério esquerdo, e vice-versa.

Protegido pelo osso occipital atrás do crânio, o cerebelo ou "pequeno cérebro" é uma parte cerebral muito mais antiga no processo evolutivo. Ela comanda a coordenação e os movimentos sutis dos músculos. O cerebelo é um prolongamento da parte posterior da medula oblonga (ver ilustração 9); os dois se

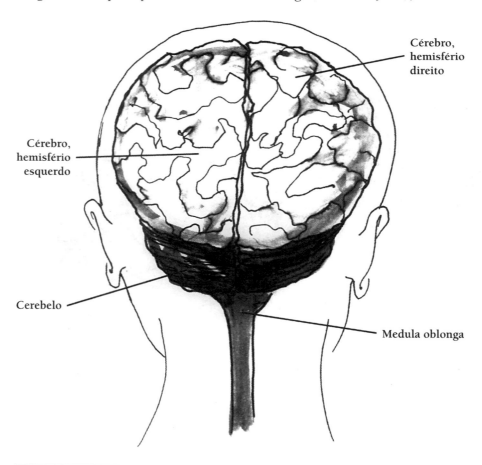

Ilustração 8: *Interior do crânio, vista posterior*

unem na base do cérebro por uma faixa fibrosa de tecido conectivo que abriga mais vias nervosas. Juntos, eles formam o cérebro posterior, que sustenta funções involuntárias e essenciais como o ritmo cardíaco, a respiração, a circulação, e também o equilíbrio em repouso e em movimento.

Na área do cérebro médio está uma minúscula mas poderosa glândula em forma de ervilha chamada glândula pituitária. Acima e atrás da pituitária, o hipotálamo organiza os conjuntos complexos de mensagens enviadas pelos sistemas nervoso e endócrino, e o tálamo encaminha as informações provenientes dos órgãos dos sentidos. Pesquisas recentes usando tecnologia de escaneamento do cérebro mostram que a memória, há muito considerada uma função do "pensamento superior" que ocorre no cérebro, realmente ativa o cérebro médio.[1] Bem atrás desse espaço protegido, a glândula pineal realiza sua função. Misteriosa para a medicina ocidental, essa glândula, para os que praticam

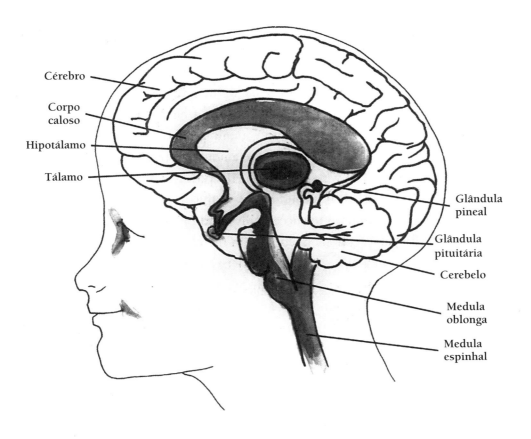

Ilustração 9: Secção vertical do cérebro

meditação segundo a tradição oriental, está relacionada com a abertura do "terceiro olho" e com a percepção intuitiva.

Embora essa descrição das funções das várias partes do cérebro seja, no máximo, muito elementar, ela sugere a enorme complexidade desse órgão e sua relação com todos os sistemas essenciais e não essenciais de "suporte à vida" do corpo. (A regularidade do batimento cardíaco é "essencial"; a trajetória neural que um pensamento lógico segue quando "cruza a mente de alguém" não é essencial, mas pode contribuir significativamente para a qualidade de vida.)

O que não se sabe sobre o cérebro supera em muito o que se sabe. Também nesse sentido, mãos sintonizadas com o Reiki podem ser de muita ajuda não somente para os praticantes, mas também para as pesquisas médicas. Mãos de Reiki reconhecem que o cerebelo pode ter um papel a desempenhar nas funções do sistema imunológico, fato que os cientistas ainda não reconheceram. A extrema quantidade de energia que o corpo atrai na posição 4 do Básico II quando um cliente é HIV positivo, ou quando o sistema imunológico está de alguma forma comprometido, é uma indicação disso. (Poderiam os mesmos mecanismos que o homem primitivo usava para defender-se de antigas formas de infecções virais, bacterianas e fungosas estar localizados no cerebelo? Poderiam esses mecanismos ser ativados por exposição a equivalentes modernos desses organismos? Ou, num nível ainda mais profundo do cérebro, poderia o hipotálamo estar intermediando esses pensamentos e sentimentos relacionados com a sobrevivência? Levantando essas questões, o Reiki amplia as possibilidades das pesquisas, como também os limites pragmáticos da cura.)

Como no Básico I, as quatro posições do Básico II dirigem a energia Reiki para grande parte — não toda — da área do corpo tratada pela posição específica; a parte restante da área é tratada indiretamente, durante a dispersão da energia. O que é significativo, porém, é que a energia Reiki, enviada de qualquer uma das quatro posições do Básico II, pode penetrar até o mesencéfalo, onde os reguladores dos sistemas mais sutis e essenciais — a glândula pituitária, o tálamo, o hipotálamo e a glândula pineal — estão abrigados. Por isso, um tratamento de Reiki completo geralmente inclui somente quatro posições na cabeça. Naturalmente, posições extras mais baixas na cabeça, na face e na garganta também podem ser aplicadas com bons resultados.

REVISÃO DO CORPO HUMANO: BÁSICO III

O Básico III compreende as costas, começando nas vértebras torácicas, descendo pelas lombares e chegando até o sacro e o cóccix. Quando tratado seguindo a seqüência habitual de posições do Reiki, um cliente com boa saúde já estará recebendo os benefícios do fluxo de energia enviado ao seu corpo pela aplicação das posições da parte anterior do tronco; por isso, as quatro posições do Básico III em geral são realizadas bastante rapidamente.

Entretanto, ouvir suas mãos ao tratar as costas é tão importante como ouvi-las ao tratar outras partes: as longas e largas faixas de músculos que sustentam a espinha podem formar nós de tensão como quaisquer outros músculos do corpo — até mais, talvez, pois eles compensam tanto os choques momentâneos como os traumas duradouros que a coluna recebe com tanta freqüência. A espinha flexível, que possibilita que nos movamos com tanta liberdade, consiste de muitos ossos pequenos, ocos, entrelaçados, chamados vértebras; há sete vértebras no pescoço, doze na área torácica, cinco na região lombar, outras cinco (formando um único osso) na região sacra e quatro (também num só osso) no cóccix. Esses ossos são nossos "guarda-costas" suportando nosso peso e o impacto de cada passo que damos, e também servindo de proteção para a medula espinhal, a longa massa de fibras nervosas que constitui o sistema transmissor de mensagens do corpo.

Uma lesão grave na medula espinhal em geral tem como conseqüência a paralisia ou a morte. Uma lesão nas vértebras ou nos discos intervertebrais freqüentemente causa dor extrema e redução das funções dos membros ou dos órgãos. O desalinhamento simples das vértebras provoca dores de natureza menos intensa, mas ainda suficientes para causar *stress*, o que afeta o sistema imunológico. A saúde das costas, da espinha e da medula espinhal é essencial para a saúde do corpo.

O Reiki pode aliviar consideravelmente a tensão dos músculos posteriores, o que muitas vezes é tudo o que é necessário para que um cliente volte a se sentir bem. Uma lesão mais grave na espinha ou na medula espinhal sempre encontra esperança no Reiki. Um compromisso com tratamentos de Reiki diários ou freqüentes, uma atitude positiva e a paciência podem reverter um diagnóstico desfavorável. Se o cliente puder usar as mãos, ou se voltar a usá-las, ele terá condições de aumentar as oportunidades de recuperação completa aprendendo Reiki e comprometendo-se com um autotratamento diário. Os membros da família e os amigos devem ajudar no processo de cura de todos os modos possíveis, pois uma pessoa com lesão na medula precisa literalmente aceitar o apoio de outros para curar-se. Quando a estrutura familiar não consegue inicialmente prover esse suporte, reorganizar-se de modo que ele possa ser oferecido e aceito com tranqüilidade pode criar um ambiente de cura para todos os envolvidos.

∙ ∙ ∙

Muitos praticantes descobrem que, quando começam a tratar clientes com regularidade, sua curiosidade sobre o funcionamento do corpo humano desperta. Eles se surpreendem interessando-se por artigos sobre cura ou fisiologia humana em revistas ou perambulando pelas estantes da biblioteca manuseando livros que tratam de assuntos médicos. Mesmo quando os praticantes não fazem esse esforço consciente para aprender mais sobre anatomia e fisiologia, a energia Reiki por si só continua a educá-los suavemente para o mistério da vida humana.

8

Tratamento de Clientes

A maioria das pessoas começa a tratar familiares e amigos informalmente antes de se estabelecer profissionalmente, mesmo em tempo parcial. Se você ainda não dispõe de uma mesa de massagem, em geral isso significa que você fará um "curativo" — aplicará as mãos onde houver dor — antes de aplicar um tratamento completo em alguém. É provável que você faça isso sentado numa cadeira ou num banquinho enquanto seu amigo fica deitado em decúbito dorsal, totalmente vestido, no sofá da sala; ou talvez você fique de pé e seu amigo se deite em decúbito dorsal, inteiramente vestido, sobre a mesa de jantar (forrada com cobertores, por questões de higiene e conforto); ou, ainda, talvez você se sente ou ajoelhe ao lado da sua mulher/marido, que, deitada e já de pijama, se prepara para dormir.

Embora todos devamos começar do ponto em que estamos em termos de prática de Reiki, você logo se pegará querendo adquirir uma maca, se ainda não a tiver. Nenhum banquinho, nenhuma cadeira, nenhuma cama é confortável o bastante para uma aplicação de Reiki de uma hora e meia a duas horas sem causar tensões nos ombros e nos músculos lombares do praticante. Como o *stress* físico se alimentará da energia que flui de você para o cliente, além do mal-estar físico causado por sua postura inadequada, você ficará menos eficaz no decorrer do tratamento! Por isso, é provável que você queira investir o quanto antes numa mesa de massagem resistente e bem projetada, e cuide bem dela. Maiores informações sobre como escolher uma mesa de tratamento você encontrará no capítulo 9.

Embora seu primeiro cliente provavelmente seja alguém que não vai se incomodar com sua inexperiência e com a informalidade do seu ambiente de trabalho, você pode fazer algumas coisas para deixá-lo à vontade antes de iniciar o tratamento. Além de simplesmente dizer que o Reiki é uma forma de cura alternativa que usa energia canalizada e de assegurar-lhe que a maioria das pessoas o considera bastante relaxante, informá-lo de que não há necessidade de despir-se pode ser um grande alívio. Um bom passo seguinte é sugerir que ele solte a roupa, se estiver muito justa, que tire cintos apertados, sapatos e óculos, e que se deite relaxadamente de costas, com os braços ao lado do corpo.

À medida que você se profissionalizar na abordagem dessa prática, você verá que essas atitudes simples de cortesia são muito proveitosas tanto para você como para o cliente. Um modo de ampliar ainda mais esse sentido de cortesia é explicar rapidamente ao cliente o que você fará durante o tratamento e preveni-lo, imediatamente antes de iniciar as posições das mãos, de que você vai tocá-lo fisicamente. Basta dizer algo assim: "Vou pôr minhas mãos em você numa seqüência de posições padrão, começando logo abaixo do esterno, passando pelo abdômen, em seguida pela cabeça e, depois, pelas costas. Ficarei em cada posição até sentir uma mudança no fluxo de energia, um sinal que seu corpo me dá de que você recebeu o que precisa no momento para iniciar o processo de cura. Então passarei para a posição seguinte e esperarei pela mesma alteração no fluxo energético. Enquanto faço isso, fique apenas relaxando. Se você quiser, posso pôr música de fundo. Você pode falar ou não, como preferir. Pode até dormir, que estará tudo bem. Muitas pessoas dormem.

"Por favor, em qualquer momento do tratamento, diga-me se eu puder fazer alguma coisa para deixá-lo mais à vontade — colocar um cobertor ou um travesseiro debaixo dos seus joelhos, por exemplo. Diga-me também se quiser fazer uma pausa para beber um copo de água ou ir ao banheiro. Nesse caso, continuaremos o tratamento assim que você voltar."

A apresentação de seu plano de tratamento antes de começar cria um espaço seguro para a troca de idéias e para a promoção da cura. Com essa espécie de preliminar, o cliente pode se sentir mais livre para fazer perguntas que, de outro modo, não seriam formuladas, o que manteria o nível de tensão; além disso, ele pode espontaneamente contar que durante a semana, enquanto jogava tênis, caiu e machucou o joelho esquerdo, ou que a bursite no ombro o esteve incomodando. Esse diálogo permitirá que você vá ao encontro das necessidades de cura do cliente de um modo muito mais dedicado e eficiente. Você será capaz de aplicar um tratamento de Reiki completo e, a convite do cliente, levará a energia de cura a um território que normalmente não é tratado, mas que, nessa ocasião específica, pode ser a causa de sua maior dor sintomática. Embora a intensidade e a direção da energia Reiki não estejam sob seu controle, incentivar o cliente a participar das decisões no tratamento é uma forma de dizer que ele mesmo é responsável por seu próprio bem-estar. É importante que ele se dê conta dessa capacidade, pois a atitude decorrente dela pode estender-se a situações externas à sala de tratamento, ajudando-o a realizar mudanças saudáveis em seu estilo de vida.

A introdução gentil ao tratamento de Reiki e o incentivo para que o cliente expresse ansiedades e faça perguntas criam uma forte sensação de segurança, a ponto de ele se dispor a revelar informações pessoais ou expressar emoções que precisam ser liberadas. Se isso ocorrer, fique calmo, pois suas mãos firmes e sua delicadeza ajudarão o cliente a voltar a seu próprio centro de tranqüilidade. Continue o tratamento, ouça com compaixão, e lembre-se de que tudo o que lhe é revelado é confidencial.

Embora o cliente tenha marcado um encontro formal com você com o objetivo expresso de receber um tratamento de Reiki, peça permissão para tocá-lo ao iniciar o tratamento propriamente dito. Como outras formas de cura alternativa e de massagem, o Reiki acontece dentro do espaço pessoal do cliente. Por mais descontraído que o cliente possa parecer, ele merece ter esse espaço respeitado e reconhecido. Tudo o que você precisa fazer como praticante é perguntar: "Posso começar o tratamento agora?"

TRABALHO COM O CLIENTE

Depois de praticar as posições padrão do Básico I, II e III consigo mesmo e de habituar-se a "fazer curativos" em amigos e familiares, será muito fácil aplicar um tratamento de Reiki completo em um cliente. O Básico I abrange a mesma área no cliente ou em você, ou seja, a frente do tronco, cobrindo a parte inferior da caixa torácica, o abdômen e até a ponta do osso pubiano; o Básico II abrange as mesmas áreas da cabeça; o Básico III compreende as costas. A única diferença é que, como você pode tratar comodamente um cliente ficando em pé ou sentado junto à mesa de tratamento, as posições das mãos do Básico III podem começar na parte superior dos ombros e cobrir algumas áreas mais altas do corpo que não são alcançadas pelo Básico I, incluindo o coração e os pulmões. É também natural querer continuar o tratamento abaixo das áreas que podem ser alcançadas pelo Básico I com as posições das mãos que alcançam a região lombar. Geralmente, sete posições cobrem as costas da maioria dos adultos, desde os ombros até o cóccix. É uma boa prática incluir essas sete posições em todos os tratamentos completos; elas são aqui descritas como "Básico III", posições 1, 2, 3 e 4, e "Ainda nas costas", posições 5, 6 e 7.

O trabalho com um cliente também oferece a oportunidade de aplicar posições extras das mãos, se o tempo permitir. Embora massagistas e praticantes que trabalham em ambientes clínicos talvez limitem o tratamento às posições padrão e o tempo para cada posição a dois ou três minutos (se o tratamento for de meia hora) ou a cinco minutos (se o tratamento for de uma hora), o melhor modo de realizar um tratamento completo é ouvir sempre suas mãos, mudando de posição só quando sentir uma redução no fluxo de energia que entra na área por elas abrangida.

Isso significa que um cliente ativo, saudável pode na verdade ser tratado em meia hora, mas a maioria das pessoas necessitará de mais tempo. Deve-se prever de uma hora a uma hora e meia para alguém que nunca tenha recebido um tratamento. Nos casos de retorno, se o cliente estiver mantendo um nível satisfatório de saúde, você conseguirá aplicar o tratamento em menos tempo. Uma pessoa que requer uma hora e meia para começar talvez precise apenas de uma hora e vinte minutos ou de uma hora e dez minutos; finalmente, com tratamentos regulares (semanais ou quinzenais), essa mesma pessoa provavelmente poderá receber um tratamento completo em quarenta ou 45 minutos. Como no autotratamento, o tempo empregado no tratamento do cliente depende do estado saudável ou doentio inicial que ele apresentar, alterando-se à medida que a vitalidade aumentar e a saúde for gradualmente restaurada.

Se o cliente se dispõe a tratar-se com você sem restrições e entrega o tempo à sabedoria da energia Reiki e do próprio corpo, você pode aplicar posições extras que acrescentarão benefícios específicos ao tratamento completo. Antes de começar o tratamento, procure conhecer as limitações de tempo do cliente e saber se existem áreas específicas do corpo que ele gostaria de tratar. Geralmente, posições extras na parte anterior do tronco ou nas extremidades anteriores são aplicadas depois do Básico I; posições extras no pescoço, na garganta e na cabeça são aplicadas depois do Básico II e posições extras na parte posterior do corpo são aplicadas depois do Básico III. Por isso, as descrições das posições extras que podem ser aplicadas em cada estágio do tratamento são apresentadas imediatamente depois das posições padrão para os Básicos I, II e III.

PARTE ANTERIOR DO TRONCO — POSIÇÕES BÁSICAS

Básico I, Posição 1 (Figura 34)

Você poderia dizer: "Estou começando o tratamento e vou localizar seu processo xifóide, uma pequena elevação óssea situada na base do esterno, logo acima do diafragma." Digamos que seu cliente seja uma mulher e que ela dá sinais de insegurança. Pegue a mão dela e coloque-a sobre seu próprio processo xifóide, que ela poderá sentir sob as suas roupas. Assim que ela se acalmar, informe-a de que você vai começar, dizendo: "Vou tocá-la agora." Então, gentilmente, procure com a ponta dos dedos a base do esterno e o processo xifóide. (Lembre-se de que ele pode ser arredondado ou achatado.)

Considerando esse o ponto central superior limítrofe da área de tratamento, posicione levemente as mãos numa linha única que cruza o corpo sobre o diafragma e a parte inferior da caixa torácica. É irrelevante qual das mãos fica mais próxima de você e qual fica mais afastada. As pontas dos dedos da mão mais próxima tocam ligeiramente a base da palma da mão mais afastada. Mantenha os dedos e os polegares de ambas as mãos unidos. Aplicando essa posição corretamente, você não terá nenhuma dificuldade para enviar a energia Reiki.

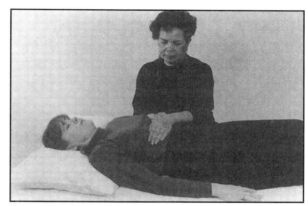

Figura 34

Você estará enviando energia de cura à pele, aos músculos e aos ossos da porção inferior da caixa torácica; aos pulmões, ao fígado e ao estômago; mais profundamente, ao pâncreas e ao baço; e mais profundamente ainda, às glândulas supra-renais, aos rins, à aorta abdominal, à veia cava e às vias nervosas que percorrem essa área do corpo, oriundas da medula espinhal. É provável que o cliente relaxe sob suas mãos no momento em que a energia Reiki circular por essa região. Se ele estiver sob forte *stress*, mantenha a posição por um período maior; passe para a posição seguinte quando sentir uma diminuição no fluxo energético.

Básico I, Posição 2 (Figura 35)

É muito mais fácil aplicar o conjunto das posições do Básico I (e, nesse sentido, também dos Básicos II e III) num cliente do que em si mesmo. Supostamente, ao tratar um cliente, você estará de pé ou comodamente sentado, repousando as mãos sobre o cliente sem tensionar os ombros nem torcer a cintura. Ainda assim, se a necessidade de cura do cliente for tal que você precise manter uma posição por vinte minutos ou mais, os braços ficarão cansados e os ombros tensos com o esforço. A passagem para a posição 2 do Básico I deve aliviar esses efeitos.

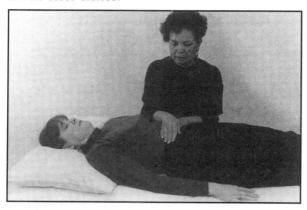

Figura 35

Quando você sentir a diminuição no fluxo de energia das mãos na posição 1 do Básico I, leve para mais perto de você a mão mais afastada, transversalmente sobre o abdômen do cliente (como a diagonal de cima para baixo da letra **X**), de modo a emparelhá-la com a mão que está mais perto de você; em seguida, desloque a mão mais próxima para cima, transversalmente sobre o abdômen do cliente (como a diagonal de baixo para cima da letra **X**), de modo que ambas as mãos voltem a formar uma única linha sobre o corpo do cliente. De novo, é irrelevante qual das mãos fica mais próxima e qual fica mais afastada de você. Como anteriormente, mantenha os dedos de ambas as mãos juntos e os polegares unidos às palmas.

Ao aplicar corretamente essa posição, você estará enviando energia Reiki à parte inferior do estômago e ao fígado; ao pâncreas, à vesícula biliar e à parte superior dos intestinos; aos rins e aos ureteres; e às principais artérias, veias e vias nervosas que sustentam esses órgãos. Muitos clientes gostam dos efeitos relaxantes da energia Reiki nessa posição. Se o horário da sessão for logo após o almoço ou o jantar, entretanto, o cliente pode se espantar com os ruídos produzidos pelo estômago. Tranqüilize-o dizendo que esses ruídos são apenas a aceleração de um processo natural — a digestão — e passe para a posição seguinte quando a mudança na energia indicar que é o momento de fazer isso.

Básico I, Posição 3 (Figura 36)

O movimento da posição 2 para a posição 3 é ainda mais fácil que o anterior. De novo, siga o padrão do X, mas desta vez movimente primeiro a mão que está mais próxima de você para cima através do abdômen do cliente, deixando-a momentaneamente ao lado da mão mais afastada na segunda posição. Em seguida, mantendo ligeiro contato, deslize a mão mais distante de você na segunda posição para baixo através do abdômen do cliente, parando abaixo da mão próxima de você.

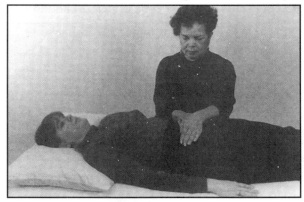

Figura 36

Ambas as mãos ocuparão agora as mesmas posições reciprocamente relativas que ocupavam na posição 1 do Básico I. Entretanto, elas estarão posicionadas sobre uma área diferente do abdômen — a seção mediana do corpo, aproximadamente em torno do umbigo e da cintura —, a mesma área ocupada por suas mãos quando você trata a si mesmo na posição 3 do Básico I.

Essa é a posição tanto da "risada que vem das entranhas" como da "dor que vem das entranhas". (Minha professora dizia que Takata dava a essa área o nome de "rádio emocional".) As mãos colocadas aqui podem relaxar e aliviar o *stress* emocional, freqüentemente expresso em sintomas físicos como náusea ou indigestão. O Reiki dirigido a essa parte do corpo libera bloqueios de energia, normalmente percebidos pelo cliente como uma ligeira sensação de dor, como uma pontada no lado quando se corre muito e perde o fôlego. Uma sensação dolorida durante um tratamento de Reiki é muito rara, e por isso, quando ela ocorre, o cliente pode ficar bastante assustado e alarmado. Explique a ele o que está acontecendo e assegure que a dor passará num minuto ou dois. Ela sempre passa.

Com essa posição, o cliente receberá os efeitos da energia Reiki diretamente no intestino delgado, nos cólons ascendente e descendente, nos ureteres, na artéria mesentérica inferior, na veia cava inferior, nas artérias e veias secundárias e em muitas vias nervosas. Ele também pode sentir a energia Reiki irradiando-se dessa posição para outras partes do corpo.

Básico I, Posição 4 (Figura 37)

Se seu cliente for de compleição maior do que a extensão compreendida pelas quatro posições padrão, simplesmente aplique mais posições semelhantes às descritas até completar toda a área do abdômen; em seguida, movimente as

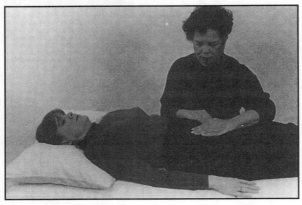

Figura 37

mãos num **V** bem aberto, unindo-as, da ponta dos dedos à palma, sobre a ponta do osso pubiano do cliente. Dependendo do modo como você posicionou as mãos no começo do tratamento, talvez seja suficiente deslizá-las para baixo da posição 3 para a 4, ou talvez você tenha de alterar suas posições relativas antes de passar para a posição 4. Em qualquer caso, as mãos devem descansar confortavelmente no interior do abrigo pélvico do cliente.

Essa é a área do corpo onde ocorrem os processos de digestão, eliminação e reprodução. Os intestinos, o cólon, os ureteres e a bexiga recebem benefício direto. As mulheres também absorvem a cura no útero, no colo do útero, na vagina, nas trompas e nos ovários; os homens sentem os efeitos de cura na próstata, na vesícula seminal e no canal deferente. Em níveis mais profundos abaixo desses órgãos, o cólon sigmóide e o reto também se beneficiam da energia Reiki.

POSIÇÕES OPCIONAIS

Se o tempo permitir e o cliente quiser aproveitar a oportunidade, algumas posições extras bem escolhidas poderão aumentar sua satisfação com o tratamento. Por exemplo, um cliente que sabe que tem problemas cardíacos provavelmente se sentirá negligenciado — justificadamente — se você não lhe enviar uma dose de cura de energia Reiki diretamente ao coração, mesmo que lhe tenha garantido que a energia vai para a parte do corpo que mais necessita dela. Se um cliente está com um problema de saúde numa área não tratada diretamente pelas posições padrão, é natural que o alívio desse sintoma seja uma prioridade.

Algumas posições extras descritas abaixo, como a do coração, são solicitadas com freqüência. Outras são pedidas mais raramente, mas fornecem um reforço importante para o sistema imunológico ou para o alívio de um sintoma específico. A maioria dos praticantes e dos clientes considera as posições descritas eficazes. Algumas, como a da garganta, são sugeridas com alternativas para as preferências do cliente. (Muitas pessoas não gostam da sensação de alguma coisa tocando sua garganta e não usam golas nem dormem com cobertores roçando essa área sensível.) Como acontece com as demais, as posições extras são aplicadas com a pessoa vestida, o que não diminui em nada seus efeitos de cura.

Coração (Figura 38)

Depois de terminar as quatro posições padrão do Básico I, trate o coração com as mãos dispostas lado a lado sobre o esterno e o lado esquerdo do tórax. Mantenha os dedos e os polegares unidos. Preste atenção ao fluxo da energia que passa pelas mãos e espere até haver uma diminuição perceptível da atividade energética antes de adotar a posição seguinte.

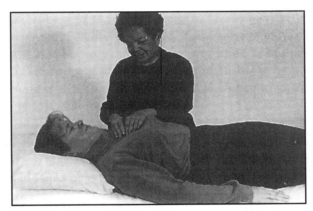

Figura 38

Essa posição trata problemas cardíacos, problemas circulatórios e a dor referencial (via nervo vago até o estômago) da azia e da indigestão. Infecções sistêmicas transportadas pela corrente sangüínea, e algumas condições imunológicas, como alergias, também se beneficiam muito com o tratamento do coração.

Timo T (Figura 39)

Posicione uma das mãos horizontalmente ao longo da clavícula do cliente e a outra perpendicularmente à primeira sobre o esterno. Essa posição trata a glândula timo, que tem por função combater infecções e estados patológicos de todos os tipos.

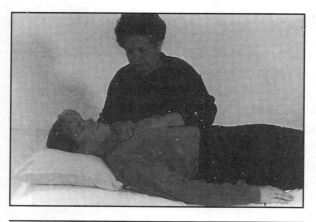

Figura 39

Seios (Figura 40)

Se a cliente lhe pediu tratamento específico para os seios, trate-os com uma posição extra depois de completar as posições padrão do Básico I. Como essa é uma área muito íntima e como algumas das clientes que o procuram podem ter sofrido abuso sexual, desperte ou acorde sua cliente (se for o caso) para dizer a ela que você vai tocar seus seios; faça isso da maneira mais delicada possível. Use um toque suave mas firme, mantendo os dedos juntos e os polegares unidos às palmas como em qualquer posição. Trate um seio de cada vez, usando duas ou três posições para completar o ciclo. Não há necessidade de tratar o mamilo, a não ser que a cliente lhe peça especificamente para fazer isso.

Se suas mãos indicarem qualquer alteração incomum no fluxo de energia Reiki no tecido dos seios, recomende à cliente que procure um médico para fazer uma mamografia. Se ela estiver pedindo tratamento porque recebeu um diagnóstico de seios fibrocísticos, advirta-a a seguir das recomendações médicas referentes à mudança de alimentação e ao acompanhamento que se faz necessário. Se ela teve uma biópsia feita recentemente, com diagnóstico de tumor benigno ou maligno, ou se se submeteu a uma cirurgia de câncer no seio ou a um tratamento radioterápico, pergunte se ela gostaria que você trabalhasse no campo de energia logo acima do seio em vez de diretamente sobre ele. Se você impuser as mãos dois ou três centímetros acima da área afetada, a energia Reiki fluirá da mesma forma, com o mesmo efeito de cura, e sua cliente se sentirá mais à vontade durante o processo.

A cliente pode dizer que sente dor na área da biópsia ou da incisão

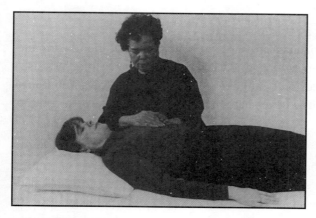

Figura 40

cirúrgica, ou que a pele coça; essas são reações naturais tanto ao processo da cura como ao estímulo da energia Reiki. Nervos que sofreram algum estiramento ou lesão e que recebem um adicional de energia de cura podem transmitir ao cérebro uma mensagem inicial de desconforto. Insista com sua cliente para que ela resista à sensação momentânea, se possível, pois ela mudará rapidamente.

Uma cliente que tenha passado por uma doença grave, às vezes precisa refletir sobre seu estilo de vida e fazer mudanças saudáveis. Como uma cura completa e permanente só acontece se a causa ou as causas da doença forem reconhecidas e compreendidas, apóie o trabalho de cura de sua cliente ouvindo-a atentamente, aceitando-a incondicionalmente como ela é nesse momento e com uma atitude positiva com relação à recuperação dela. O Reiki por si só às vezes opera milagres, mas você pode ajudar no processo estando inteiramente presente para sua cliente, dedicando-se a ela de todo o coração e deixando que a luz de suas mãos lhe mostre a esperança.

Trato Respiratório Superior (Figura 41)

Posicione as mãos numa linha contínua que cruze a parte superior do peito do cliente; as pontas dos dedos da mão próxima de você tocam a base da palma da mão mais afastada, exatamente sobre o ponto mediano da clavícula. Depois de enviar energia Reiki suficiente para essa área e quando o fluxo energético diminuir de intensidade, aplique uma segunda posição (e uma terceira, se a pessoa for alta ou se for de constituição encorpada) seguindo o mesmo padrão de movimento do **X** usado para assumir as posições 1, 2 e 3 do Básico I.

Essas posições tratam todas as infecções agudas do trato respiratório, incluindo resfriados, bronquites e pneumonia; elas também aliviam a congestão e a constrição dos brônquios provocadas por alergias e pela asma. Embora os resfriados, a bronquite e a pneumonia possam ser considerados agudos, a bronquite e a pneumonia podem se tornar crônicas sem um tratamento médico adequado. Insista com a cliente para que ela procure o acompanhamento

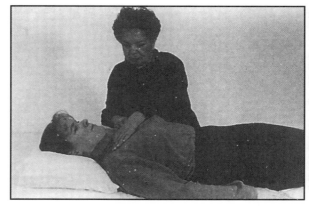

Figura 41

do médico da família e de especialistas da área para obter o alívio dos sintomas que a medicina ocidental pode propiciar.

As alergias e a asma são doenças crônicas, com ataques episódicos em reação ao *stress*, ao frio, aos alérgenos (como ácaros do pó, mofo e pêlos de gato) e aos poluentes químicos e ambientais. Um cliente que queira alívio permanente dos sintomas de uma dessas condições deve ele mesmo aprender Reiki e autotratar-se pelo menos uma vez por dia, dando prioridade a essas áreas.

Essas doenças, que às vezes levam anos para se desenvolver, podem melhorar gradualmente com o Reiki, até reduzir quase por completo o uso de medicamentos e de broncodilatadores. Entretanto, a progressão dessa melhora deve ser acompanhada cuidadosamente por um médico qualificado, que deverá ajustar suas prescrições gradualmente de modo a refletir esse progresso. Alerte um cliente alérgico ou asmático que tem intenção de aprender Reiki para o fato de que usar a intuição para decidir pela interrupção da medicação prescrita ou pela eliminação de um inalador é um risco imprudente e irresponsável que pode revelar-se fatal.

Ombros (Figura 42)

Se o cliente pediu, trate um ombro por vez, envolvendo a articulação do ombro com as mãos. No caso de uma criança ou de uma mulher de estatura baixa, em geral é possível abranger toda a área com uma só posição. No caso de uma mulher mais alta ou de um homem, será preciso movimentar as mãos para envolver a articulação completamente.

Articulações e músculos dos ombros não são a mesma coisa, definitivamente. Pode ser difícil trabalhar em torno de ombros musculosos; faça o que puder. Músculos bem desenvolvidos, doloridos, gostam da energia Reiki tanto quanto músculos menos desenvolvidos. Se seu cliente freqüenta academias de ginástica e adotou a filosofia "sem dor, sem resultado" ("*no pain, no gain*"), talvez você ouça o seguinte comentário: "Suas mãos parecem uma almofada elétrica." Considere isso um elogio, e espere a "almofada elétrica" desligar antes de passar à posição seguinte.

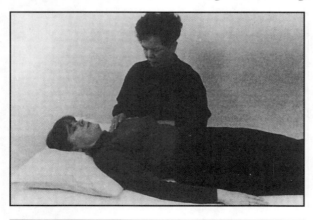

Figura 42

Braços, Cotovelos, Pulsos, Mãos
(Figuras 43 e 44)

Esporadicamente, um cliente pode solicitar que você trabalhe num ponto específico de lesão aguda nos braços, nos cotovelos, nos pulsos ou nas mãos. Trate esse ponto depois de terminar o Básico I e outras posições extras na parte superior do corpo solicitadas pelo cliente (nos limites do tempo disponível). É fácil envolver um ponto machucado nos braços com as mãos: basta pôr uma mão em cima e a outra embaixo do local lesado. Trate do mesmo jeito cotovelos ou pulsos doloridos. Ponha uma das mãos debaixo e a outra sobre a mão do cliente para tratar lesões nas mãos ou tensões musculares acumuladas depois de um dia de digitação ou de escrita num curso intensivo. Em qualquer uma dessas posições extras, basta manter a posição até sentir uma diminuição no fluxo de energia em suas mãos, passando então para a posição seguinte.

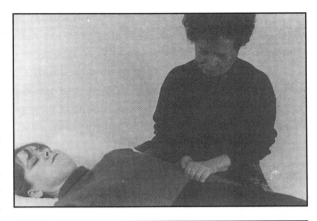

Figura 43

Se o cliente não apresentar lesão aguda e ainda assim se queixar de dor sintomática, lembre-se de que a síndrome de túnel carpal (em geral tratada mais adequadamente nos pulsos) provoca dor referencial nos dedos, no polegar, no antebraço e às vezes no braço, podendo chegar até o ombro. A síndrome de túnel carpal pode provocar incapacidade, com desdobramentos bastante graves. Recomende ao cliente consultar um médico se ele disser que a dor perdura há algum tempo. Se necessário, o médico poderá receitar um antiinflamatório e uma tala para imobilizar o pulso.

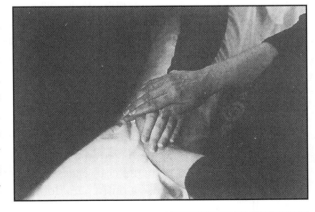

Figura 44

Um corte no dedo precisa ser tratado segurando a área afetada com uma das mãos. Ao fazer isso, porém, não deixe a outra mão ociosa. Com ela você pode segurar o pulso do cliente ou mesmo colocá-la em seu próprio ponto central. A energia está fluindo; tire proveito disso. Quando o dedo lesado parar de absorver uma quantidade significativa de energia, passe para a posição seguinte.

Se a lesão aguda for uma queimadura, você pode manter a mão acima da área afetada, sem tocá-la; a energia fluirá com a mesma eficácia. Embora a energia possa não se expressar com um aquecimento evidente, se o cliente disser que a sensação é desagradável, esse é um pequeno ajuste a fazer para aumentar o seu bem-estar.

Abdômen (Figura 45)

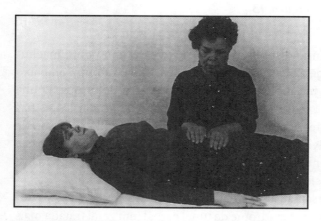

Figura 45

Se o cliente solicitar uma atenção especial para o abdômen, ao terminar a posição 4, em **V**, do Básico I, posicione as mãos, lado a lado, sobre a região do baixo-ventre. Essa posição é excelente para tratar constipação, diarréia e cólicas intestinais provocadas por viroses estomacais.

Como essa posição dirige a energia de cura diretamente para os órgãos da reprodução, ela alivia as cólicas menstruais. Ela também aumenta a fertilidade da mulher que quer engravidar, beneficia um bebê no útero e ajuda a amenizar a intensidade das dores do parto. Essa é a posição preferida por muitas mulheres.

"Dobradiças" (Figura 46)

Essa é uma posição extra de muito fácil aplicação: simplesmente amplie o **V** usado na quarta posição até que ambas as mãos descansem na linha da junção do tronco com as pernas. Havendo dúvida sobre a localização exata (o que pode acontecer com um cliente com excesso de peso), aproxime-se da posição com uma das mãos e use a outra para dobrar levemente a perna do cliente no joelho, avisando a ele antecipadamente que você vai fazer isso. A roupa se amontoará na área, indicando a posição apropriada para a mão. Agora que uma das mãos já está posicionada, retire a que está debaixo do joelho do cliente e ponha-a na mesma posição relativa do outro lado do abdômen para formar o **V**.

Essa posição ajuda os que têm varizes ou problemas de circulação nas pernas. Nessa região se localizam muitos nódulos linfáticos, por isso é proveitoso acrescen-

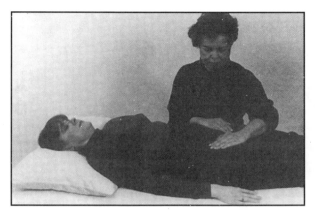

Figura 46

tar essa posição às posições padrão ao tratar um cliente que sofre de infecção aguda ou crônica. Como sempre, espere até sentir um ciclo completo no fluxo da energia (as mãos ligando-se; aumento da atividade; fluxo estável, regular; diminuição da atividade) antes de passar à posição seguinte.

Pernas, Joelhos, Tornozelos, Pés (Figuras 47 e 48)

Às vezes os clientes pedem para enviar a energia Reiki a pontos de lesão aguda localizados nas pernas, mas mais freqüentemente eles solicitam tratamentos para músculos distendidos, tendões e ligamentos estirados e articulações torcidas. O tratamento de pernas, joelhos, tornozelos e pés é feito de um lado do corpo por vez, do mesmo modo como são tratadas as extremidades da parte superior do corpo: posicionando uma das mãos em cima e a outra embaixo, e usando um

número de posições suficiente para abranger todas as áreas afetadas.

Os joelhos se beneficiam com a imposição das mãos sobre a rótula e suas laterais e também em cima e embaixo da articulação. Os tornozelos normalmente ficam bem envolvidos com uma só posição, uma das mãos em cima da articu-

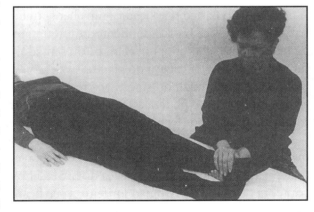

Figura 47

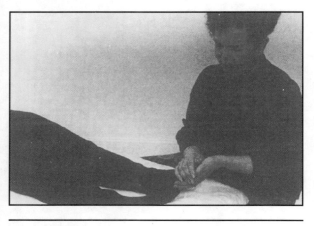

Figura 48

lação e a outra embaixo. Os pés são tão freqüentemente negligenciados que a maioria das pessoas se delicia com a sensação da energia Reiki fluindo por eles: pelos dedos, bolas, arcos, calcanhares e tendões de Aquiles. Ao tratar os pés pela frente do corpo, apenas envolva-os com as mãos da maneira que for mais cômoda para você.

Você pode tratar a parte inferior do corpo do cliente trabalhando antes de um lado e depois do outro, da cintura aos pés, ou você pode trabalhar de um lado, tratar os dois pés ao mesmo tempo, e em seguida passar para o outro lado. Outra alternativa é tratar os pés depois de concluir os Básicos I, II e III e todas as posições extras. Já que o Reiki aplicado nos pés distribui a energia na parte inferior do corpo e faz o cliente se sentir equilibrado e firme ao voltar ao estado de vigília normal, essa é uma forma excelente de terminar um tratamento.

A CABEÇA — POSIÇÕES BÁSICAS

Básico II, Posição 1 (Figura 49)

A posição 1 do Básico II aplicada a um cliente trata a mesma área do corpo trabalhada pela posição correspondente ao autotratamento. Desloque-se da lateral da maca para a cabeceira; fique em pé ou sentado, como preferir. Posicione-se diretamente atrás da cabeça do cliente.

Se você vem ouvindo suas mãos regularmente durante o tratamento, até este ponto, o cliente poderá estar profundamente relaxado ou até mesmo dormindo, com os olhos fechados. Para que ele não se assuste ao despertar, apenas sussurre seu nome. Quando ele sinalizar que está consciente, explique-lhe que você vai começar as posições da cabeça. Se o cliente tiver cabelos compridos, peça-lhe para levantar a cabeça do travesseiro e jogar os cabelos para trás, para fora da maca. Se isso não for feito, você ficará continuamente preocupado tentando não puxar os cabelos do cliente cada vez que muda de uma posição para outra na cabeça.

Estando o cliente bem acomodado no travesseiro, e alerta, informe-o de que você colocará um lenço de papel sobre seus olhos para prevenir qualquer possível desconforto. Vá com calma, sem pressa. Em seguida, posicione suavemente as mãos sobre a testa e os olhos do cliente, de modo que os polegares se toquem sobre a fronte e os indicadores repousem nas laterais do nariz. As pontas dos dedos indicadores podem ficar emparelhadas com a base do nariz, mas cuide para não perturbar a respiração do cliente.

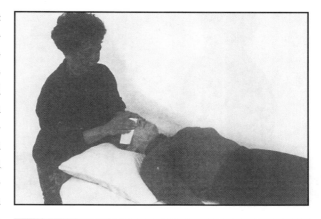

Figura 49

Essa posição é bastante repousante para você, especialmente se estiver sentado. Você não precisa tensionar os ombros nem as costas, e os pulsos ficam apoiados no travesseiro que sustenta a cabeça do cliente. Como em todas as posições, ouça a energia em suas mãos durante um ciclo completo pelo menos: espere até sentir as mãos se ligarem; sinta-as enviando a energia; sinta a energia elevar-se e estabilizar-se no nível de intensidade que ela julgar adequado; então espere até ocorrer uma redução da intensidade — sinal para passar para a posição seguinte. Terminada essa posição, retire o lenço de papel dos olhos do cliente.

Essa é a posição para tratar dores de cabeça, sinusite, fadiga ocular, sintomas alérgicos, resfriados e também doenças graves que afetam os olhos, como o glaucoma ou a catarata, e os lobos frontais do cérebro, como o mal de Alzheimer. Dependendo da natureza dos sintomas apresentados, ela pode ser uma posição ativa para o tratamento do aneurisma e do derrame cerebral. Toda pessoa que sofre de ataques epiléticos pode beneficiar-se extraordinariamente com as posições da cabeça, o mesmo acontecendo com as que são portadoras de tumores invasivos. (Enviar energia Reiki para curar um tumor pode ser uma experiência singular. O bloqueio dá a impressão de não ceder inicialmente; é preciso paciência e perseverança.) Doenças como a meningite, que podem afetar o fluido cerebrospinal, podem também criar uma forte sensação de atividade aqui, embora provavelmente a sensação seja mais intensa na parte posterior da cabeça (e da medula oblonga e da medula espinhal).

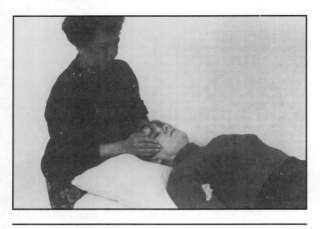

Figura 50

Básico II, Posição 2 (Figura 50)

É fácil passar da posição 1 para a posição 2 do Básico II. Mantendo os dedos mínimos em contato com a cabeça do cliente, levante as mãos e afaste-as da testa. Toque os dedos mínimos com os polegares e faça com que estes assumam a posição ocupada pelos mínimos.

Relaxe as mãos e posicione-as tranqüilamente sobre a porção frontal e as laterais da cabeça do cliente, cobrindo as têmporas.

Essa posição é padrão para continuar um tratamento completo. Ela é especialmente benéfica para o tratamento de dores de cabeça, sinusites, fadiga ocular, nevralgia, alergias, resfriados e doenças mais graves que originam ou apresentam sintomas nos lobos frontal e temporal do cérebro. Como em todas as posições, deixe as mãos enviarem a energia de cura até sentir claramente a intensidade do fluxo de energia diminuir; só então mude de posição.

Básico II, Posição 3 (Figura 51)

Passamos da posição 2 para a posição 3 do Básico II com os mesmos movimentos usados para a última posição. Mantendo os dedos mínimos fixos, afaste as mãos da cabeça, toque os dedos mínimos com os polegares e faça com que estes ocupem o lugar dos mínimos. Relaxe as mãos e descanse-as suavemente sobre as laterais da cabeça do cliente, cobrindo as orelhas.

Essa posição padrão tem por objetivo tratar as infecções do ouvido, surdez, dor de cabeça,

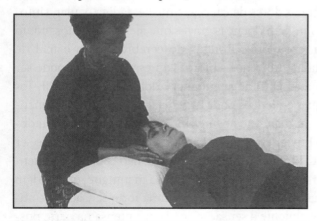

Figura 51

sinusite, alergias, resfriados, nevralgia e doenças mais graves que causam ou que apresentam sintomas nos lobos temporal e parietal do cérebro ou no mesencéfalo. Para um tratamento de nível mais profundo, mantenha as mãos na posição durante mais de um ciclo do fluxo energético. Por exemplo, se você deseja tratar uma dor de ouvido acompanhada por uma inflamação branda da garganta, é suficiente acompanhar o fluxo energético durante um único ciclo; se você quer tratar um desequilíbrio hormonal que tem origem na glândula pituitária, mantenha as mãos na posição durante dois ciclos ou mais. Embora essa medida não seja absolutamente necessária, ela promoverá uma cura ainda mais rápida de doenças que se originam em níveis mais profundos.

Básico II, Posição 4 (Figura 52)

Durante a aplicação das três primeiras posições da cabeça, seu cliente pode ter adormecido e chegado a sonhar. Como o movimento das mãos da posição 3 para a posição 4 pode causar sobressaltos, desperte o cliente, chamando-o pelo nome, para dizer-lhe o que você vai fazer. Ao receber um sinal da cabeça ou ouvir um murmúrio, diga-lhe que você posicionará as mãos debaixo da cabeça dele; ele não precisa fazer nada, a não ser continuar relaxando.

Em seguida desloque as mãos, uma por vez, da posição 3, sobre as orelhas, para a posição 4, dando apoio à parte posterior da cabeça. Para fazer isso, use uma das mãos para virar a cabeça do cliente sobre o travesseiro, sustentando-a com a outra mão. Então deslize essa mão para o espaço aberto com o movimento, apoiando agora a cabeça do cliente desde a parte posterior da orelha até a linha central da nuca. Em seguida, usando essa mão como apoio, vire a cabeça do cliente para o outro lado, deslize a outra mão até o espaço aberto pelo movimento, e descanse a cabeça do cliente na "concha" formada pelas mãos.

Embora todo esse movimento possa parecer desajeitado no início, a prática o tornará bastante fácil. Minha professora dizia para imaginarmos que estávamos rolando um melão nas mãos. Se o cliente está

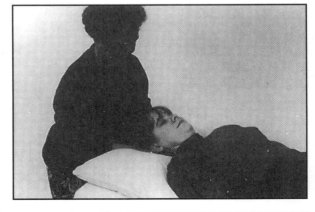

Figura 52

relaxado e não tenta ajudar, é exatamente essa a impressão que temos com esse movimento. No caso de ele ter cabelos compridos, tome muito cuidado ao adotar essa posição. (Se você ajudou o cliente a jogar o cabelo para trás do travesseiro antes de começar as posições da cabeça, eles agora não lhe causarão nenhum problema.)

A quarta posição é extremamente importante para tratar quaisquer tipos de infecção, especialmente os que comprometem ou inibem o sistema imunológico, como o HIV. (Embora eu não disponha de documentação que corrobore esse fato, suas mãos apropriadamente sintonizadas lhe servirão de testemunho.) Sinusite e infecções do ouvido, resfriados, herpes simples e nevralgia também respondem bem a um tratamento de Reiki concentrado nessa posição. Essa é uma posição-chave para o tratamento da meningite, embora se deva lembrar que posições extras sobre as vértebras cervicais na parte posterior do pescoço e sobre a espinha e a medula espinhal também são de grande benefício.

POSIÇÕES OPCIONAIS

Maxilares e Dentes (Figura 53)

É mais fácil tratar os seios paranasais inferiores, localizados na área abaixo dos olhos e em torno do nariz, em si mesmo do que num cliente. Em si mesmo, suas mãos cobrem tranqüilamente essa área, bastando adequar a pressão do toque para não perturbar a respiração; num cliente, a mesma ação pode ser mais difícil.

Devido a essa dificuldade, os seios paranasais inferiores são normalmente tratados com a mesma posição que usamos para os dentes e para a mandíbula. Para aplicar essa posição num cliente, sente-se ou ajoelhe-se junto à cabeceira da mesa de tratamento. Apóie os cotovelos na beira da mesa e relaxe os antebraços sobre o travesseiro, um de cada lado da cabeça do cliente; posicione as mãos ao longo da linha da mandíbula, de modo que as pontas dos dedos se

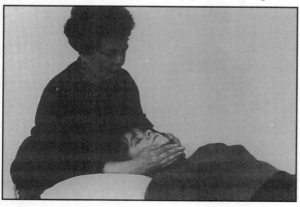

Figura 53

toquem de leve debaixo do queixo. Se houver uma solicitação para tratar diretamente os seios paranasais inferiores, cubra a boca do cliente com um lenço de papel antes de posicionar as mãos nas laterais do nariz. Se isso for incômodo para você ou para o cliente, aplique a posição deixando as mãos dois ou três centímetros acima da área, suspensas no ar, e então deixe a energia fluir.

O Reiki aplicado nessa posição alivia dores de dente, alergias, infecções nos seios paranasais ou nas glândulas salivares, nevralgias e úlceras localizadas na boca ou no nariz e ao redor deles. Em se tratando de herpes, trate a parte posterior da cabeça e do pescoço para atacar a infecção em sua origem. Além disso, para que você mesmo não contribua com a propagação da infecção, trate o campo energético sobre a área, em vez de usar a técnica de imposição das mãos.

Parte Anterior da Garganta e Tireóide (Figura 54)

Para tratar a garganta e a tireóide, sente-se ou ajoelhe-se junto à cabeceira da maca. Descanse os cotovelos na borda da mesa e os antebraços sobre o travesseiro, de ambos os lados da cabeça do cliente; una as mãos apenas pela ponta dos dedos, e então simplesmente deixe que a energia flua através delas para toda a área ao redor.

Quando um cliente quiser um tratamento especial para a garganta, apóie os antebraços sobre o travesseiro de ambos os lados da cabeça e, sem tensionar, forme com as mãos um arco no campo de energia sobre a garganta. Para a maioria dos clientes, essa técnica apresenta um alívio tão perceptível e calmante quanto o contato físico. Se o cliente estiver relaxado ou cochilando, em vez de aplicar a imposição das mãos você pode trabalhar dois ou três centímetros acima da garganta, um recurso que produz o mesmo bem-estar e é menos invasivo.

Essa posição envia energia Reiki à pele, aos músculos, aos ossos da garganta, às glândulas salivares, aos gânglios linfáticos e às glândulas tireóide e paratireóides. Ela pode proporcionar alívio suave e rápido para irritações da garganta e enviar a cura a doenças mais graves, como câncer na garganta e disfunções da tireóide.

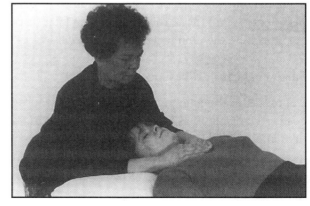

Figura 54

Laterais da Garganta e Artérias Carótidas (Figura 55)

Aqui também é mais prático aplicar essa posição estando sentado ou ajoelhado junto à cabeceira da maca. Com os antebraços apoiados no travesseiro dos dois lados da cabeça do cliente, coloque as mãos nas laterais do pescoço, logo abaixo das orelhas. Se o cliente se sentir pouco à vontade, descanse também o dorso das mãos no travesseiro, de modo que a curvatura das palmas abertas e da ponta dos dedos dirija a energia para a região inferior da cabeça do cliente, com o fluxo voltado para ambos os lados do pescoço, logo abaixo das orelhas.

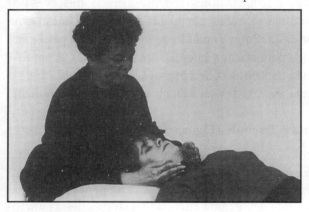

Figura 55

Essa posição geralmente relaxa bastante as tensões, à medida que a energia chega aos pontos que originam a dor nos músculos e agiliza a circulação que vai para o cérebro e que dele procede. Quando o cliente apresenta sintomas infecciosos, o tratamento com Reiki nessa posição favorece a produção de anticorpos e a drenagem linfática dos numerosos nodos localizados nessa região. Essa posição é também importante para tratar alguém que teve um derrame cerebral ou que apresenta sintomas que sinalizam um possível derrame. Entre estes incluem-se pressão sangüínea alta, doenças cardíacas, diabete e ataques passageiros de isquemia, que são episódios breves de sintomas de derrame — fraqueza, entorpecimento, visão turva, dificuldade para falar (especialmente num lado da boca), instabilidade e/ou forte dor de cabeça.

Parte Posterior do Pescoço (Figura 56)

Depois de receber energia Reiki por meio de todas as posições padrão dos Básicos I e II e de algumas posições extras, a maioria dos clientes se sente profundamente relaxada; alguns inclusive dormem. Nesse momento, geralmente é fácil para o praticante deslizar uma das mãos, ou ambas, até a região posterior do pescoço do cliente, abrigando suavemente essa área enquanto a energia Reiki flui.

Embora a parte posterior do pescoço esteja incluída na área de influência do Básico II, também se pode aplicar essa posição como extra quando o cliente está deitado em decúbito ventral, no início ou no fim do tratamento das costas. (A posição formada por uma das mãos sobre as vértebras cervicais e a outra sobre o sacro em geral proporciona uma sensação

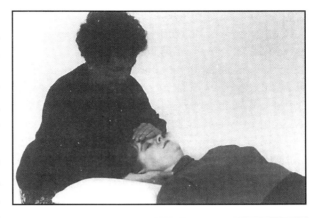

Figura 56

de equilíbrio físico e de alinhamento muito reconfortante.)

AS COSTAS — POSIÇÕES BÁSICAS

Básico III, Posição 1 (Figura 57)

Ao término das posições padrão e extras do Básico II, é muito provável que seu cliente esteja dormindo. Para aplicar as posições do Básico III, você terá de deslocar-se da cabeceira para a lateral da mesa de tratamento. Assim, aproveite o momento para espreguiçar-se rapidamente ou tomar um gole de água antes de assumir sua posição de trabalho.

Para trabalhar nas costas, o cliente precisa se virar; acorde-o gentilmente, sussurrando o nome dele. Em seguida, você pode dizer algo assim: "Para continuar o tratamento, preciso que você se vire. Vire-se lentamente, por favor. Se quiser, fique de olhos fechados; apenas vire-se e deite-se de barriga para baixo. Você gostaria de ter um travesseiro debaixo das pernas ou do peito para relaxar mais os músculos das costas?"

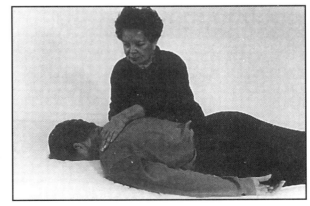

Figura 57

Estando o cliente novamente acomodado, comece as posições das mãos do Básico III. Em vez de começar pelas glândulas supra-renais, aproveite a oportunidade para tratar os músculos da região superior das costas, freqüentemente tensos e doloridos. Aplique tantas posições quantas forem necessárias para abranger a área desde os músculos trapézios, passando pelos deltóides e pelos grandes dorsais até os glúteos máximos (ver ilustração 10). Num adulto, isso normalmente significa aplicar em torno de sete posições em vez de apenas quatro.

Para a primeira posição, ponha as mãos espalmadas ao longo da linha dos ombros. Sob suas mãos, os músculos dos ombros devem relaxar com o fluxo da energia. (Muitos massagistas treinados em Reiki começam com as mãos nessa posição para relaxar suavemente os músculos antes de manipulá-los com formas mais agressivas de trabalho corporal, como massagem sueca ou muscular profunda.) As vias respiratórias superiores, incluindo os brônquios ou os pulmões, podem abrir-se em caso de congestão. A glândula timo também pode absorver energia de cura.

Básico III, Posição 2 (Figura 58)

O movimento das mãos para a posição 2 nas costas do cliente é feito do mesmo modo que a passagem para a posição 2 na parte anterior do tronco. Mantendo um ligeiro contato, deslize a mão mais afastada para perto de você, emparelhando-a com a mão que estava mais próxima na primeira posição. Em seguida, desloque a mão "âncora" para mais longe, formando uma linha reta (com a outra mão) transversal nas costas do cliente.

Com essa posição, você estará tratando o grande conjunto dos músculos dos ombros (o trapézio e o deltóide) e o ponto onde eles se unem (onde freqüentemente se formam os nós da tensão muscular). A caixa torácica, a artéria aorta e a veia cava, o coração, as artérias e as veias pulmonares e os pulmões receberão benefício direto. Essa é uma posição excelente para usar quando os sistemas circulatório ou respiratório necessitarem de tratamento especial, quer a doença seja aguda ou crônica, e os sintomas, brandos ou severos.

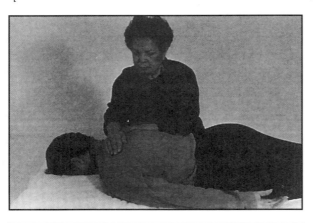

Figura 58

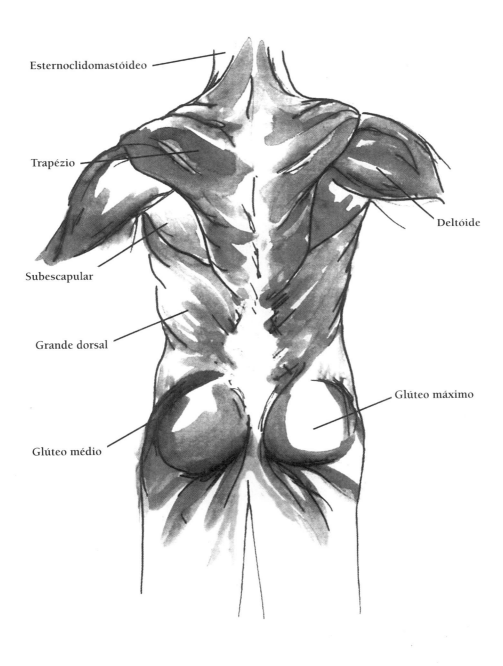

Ilustração 10: Os músculos das costas

Básico III, Posição 3 (Figura 59)

Aplicar as posições nas costas do cliente é como bordar em ponto de cruz. As mãos se movem no padrão do **X** que você já usou na região anterior do tronco, no Básico I. Para compensar o *stress* nos ombros (quer você fique sentado ou de pé para realizar o tratamento), desloque para cima a mão que está mais perto de você, cruzando as costas do cliente e emparelhando-a com a que estava mais distante na segunda posição. Então aproxime essa mão de você, levando-a a formar (com a outra mão) uma linha reta transversal nas costas do cliente.

Aqui, os grandes dorsais, grandes músculos triangulares, envolvem os lados do corpo em direção à coluna, sob os afilados músculos trapézios. Debaixo desses músculos, a caixa torácica protege os pulmões e o coração, a aorta e a veia cava e as veias e artérias pulmonares, que trabalham juntas para abastecer todo o corpo com o sangue essencial rico em oxigênio (ver ilustração 11). O Reiki aqui também trata doenças cardíacas ou pulmonares, da mais branda à mais severa.

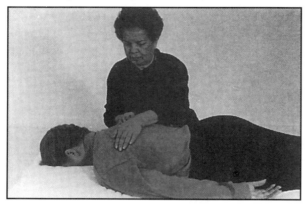

Figura 59

Básico III, Posição 4 (Figura 60)

A posição 4 nas costas do cliente é oposta à posição 1 da parte anterior do tronco. Para passar da posição 3 para a 4, siga novamente o padrão do **X**: leve para perto de você a mão mais afastada na posição 3 e afaste a que estava mais próxima de você. Com os dedos e polegares unidos, alinhe as mãos transversalmente nas costas do cliente.

Os músculos grandes dorsais e os trapézios, a caixa torácica, a parede posterior do diafragma, as supra-renais e os rins recebem benefício direto da energia Reiki nessa posição. Menos diretamente, o baço, o estômago e o fígado também recebem alguma energia. Essa é a posição mais apropriada para tratar qualquer doença ou disfunção renal, embora se deva lembrar que os rins flutuam para cima e para baixo e por isso precisam ser tratados também em posições mais baixas.

Numa situação de acidente, os primeiros socorros, começando com uma chamada ao Pronto-Socorro da área, devem ser prestados por alguém presente que tenha treinamento e seja habilitado. Feito isso, um praticante de Reiki pode oferecer um toque reconfortante posicionando as mãos nas costas do acidentado, sobre as supra-renais. Essa providência pode retardar ou impedir o início de choque, ampliando o tempo que os médicos da emergência chamam de "período de

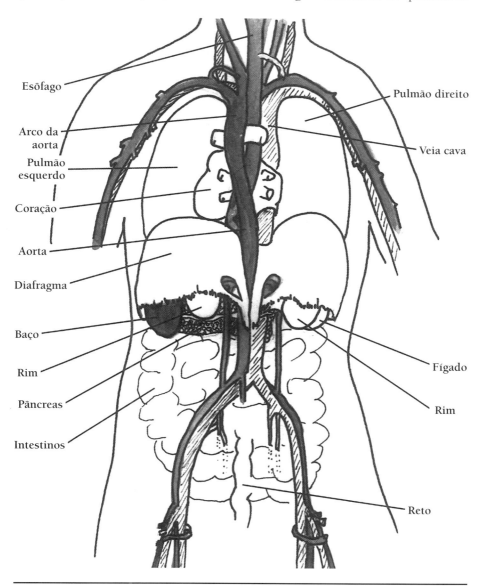

Ilustração 11: Interior do tronco, vista posterior

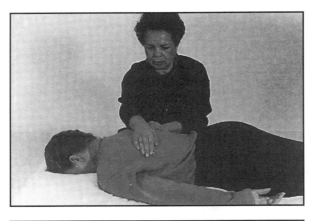

Figura 60

ouro", quando o corpo humano se restabelece rapidamente em reação a um atendimento de emergência. Naturalmente, as mãos devem ser aplicadas sem movimentar a vítima; se não for possível ter acesso às costas, é suficiente o praticante segurar a mão do acidentado e sentir o fluxo de energia.

A atenção total voltada às mãos durante a aplicação do Básico I deve facilitar e acelerar o tratamento das costas dessa posição em diante. Todas as áreas tratadas já terão recebido energia Reiki pela parte anterior e devem estar ainda bastante carregadas de energia e prontas para realizar o trabalho de cura acelerada.

Ainda nas Costas: Posição 5 (Figura 61)

A posição 5 nas costas do cliente é oposta à posição 2 na frente, logo acima da cintura. Para passar da posição 4 para a 5, repita o padrão do **X**: desloque diagonalmente a mão que está mais próxima de você na posição 4, emparelhando-a com a que está mais afastada. Em seguida, aproxime diagonalmente a mão que estava mais afastada, alinhando-a com a mão que ficou acima. Os dedos e os polegares devem ficar unidos.

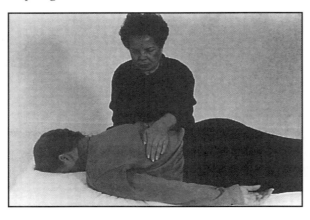

Figura 61

O músculo grande dorsal se prolonga desde a coluna e se distribui sobre o tecido delicado dos rins, do pâncreas, do baço, do fígado e do estômago nesse nível. Embora seja improvável a necessidade de muita energia aqui para os órgãos do trato intestinal, se esse for um passo seqüencial num tratamento completo e a necessidade de cura desses órgãos já tiver sido atendida na parte frontal, diabéticos e os que apresentam problemas de vesícula biliar atrairão muita energia para esse local. A tensão muscular simples nessa área, que é estruturalmente mantida mais pelos músculos do que pelos ossos, pode ser aliviada substancialmente por mãos de Reiki.

Ainda nas Costas: Posição 6 (Figura 62)

Num adulto de altura média, essa posição é equivalente à posição 3 frontal, sobre a linha da cintura. Para assumi-la, use o padrão do X: traga a mão mais distante de você na posição 5 diagonalmente para perto, emparelhando-a com a mão que já ocupava essa posição. Em seguida, afaste diagonalmente a mão mais próxima na posição 5, alinhando-a com a mão que ficou abaixo. Mantenha os dedos e os polegares unidos às palmas e continue deixando espaço para a coluna.

Na linha da cintura, uma faixa muscular com forma de diamante, chamada fáscia lombo-dorsal, liga o grande dorsal nas laterais do corpo com os músculos glúteos médios e glúteos máximos abaixo. A pelve abriga os intestinos nesse espaço. A aorta e a veia cava se dividem ambas em canais circulatórios menores (chamados de artéria ilíaca comum e veia ilíaca comum), os quais levam o sangue para as pernas e os pés. Havendo uma absorção substancial de energia nessa área, a causa mais provável será a tensão muscular.

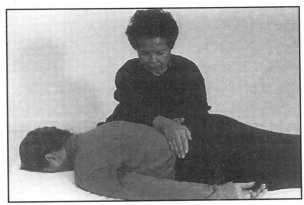

Figura 62

Ainda nas Costas: Posição 7 (Figura 63)

Num adulto de altura média, a posição 7 normalmente abrange a região lombar, a parte superior da pelve e o sacro. Diferentemente da última posição na parte anterior do tronco, não é preciso dispor as mãos em V para aplicar essa posição. Em vez disso, apenas continue usando o padrão do X para passar da posição 6 para a 7: afaste de você a mão mais próxima e aproxime a mais afastada, descendo as duas até a distância correspondente à largura da palma da mão. Mantenha dedos e polegares unidos, formando com as mãos alinhadas

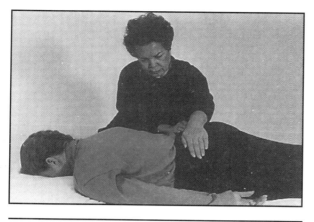

Figura 63

uma faixa que envolva toda a região lombar.

Aqui, músculos tensos às vezes pedem atenção. Vias nervosas lesadas ou bloqueadas procedentes do sacro ou da pelve e direcionadas para o abdômen e para as extremidades podem também disparar um sinal de alarme no nível de atividade energética em mãos de Reiki. Problemas intestinais e cólicas menstruais também puxam muita energia aqui. Mesmo assim, se essa for a última posição padrão na seqüência de um tratamento completo em um cliente saudável, é provável que o tempo necessário para enviar energia a essas áreas seja curto.

As posições extras são tão benéficas para o cliente quanto são para você no autotratamento. Embora as limitações de tempo do cliente devam ser respeitadas, certas posições extras produzem benefícios tão grandes que devem ser incluídas sempre que o tempo permitir. Se o tempo for curto, sendo possível aplicar apenas uma ou duas posições, a "sacral T" (ver página 153) e a da sola dos pés são opções excelentes.

POSIÇÕES OPCIONAIS

Parte Posterior do Pescoço (Figura 64)

Essa posição é uma transição excelente da cabeça para as costas. Depois de pedir ao cliente para virar-se e ficar em decúbito ventral, posicione uma das mãos na base do pescoço e a outra sobre o sacro. Como suas mãos delimitam toda a extensão da coluna do cliente, a energia, além de fluir sob elas, também circula entre elas e para fora delas, proporcionando equilíbrio e firmeza. É irrelevante se esse resultado se deve à energia que acompanha a medula espinhal e as vias nervosas que procedem de cada vértebra ou ao uso de uma anatomia mais sutil, como os meridianos descritos pela medicina chinesa ou o sistema de chakras descrito pela kundalini yoga: os clientes gostam muito da tranqüilidade e do efeito centralizador que essa posição propicia.

Uma forma alternativa de fazer uma boa transição da cabeça para as costas é descansar as mãos, lado a lado, sobre as vértebras cervicais do pescoço e a parte superior da coluna. Ouça suas mãos, mantendo-as na posição até que uma redução do fluxo energético sinalize para passar à posição seguinte.

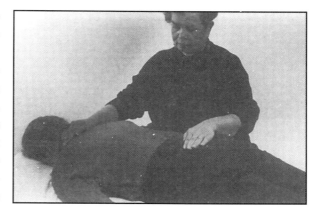

Figura 64

Essa posição envia energia de cura diretamente para os músculos do pescoço, para a parte superior das costas, para as vértebras cervicais da coluna e para a medula espinhal, que transmite para o cérebro, e dele recebe, informações sensoriais e impulsos nervosos das áreas próximas. Essa posição alivia tensões musculares, dores de cabeça, nevralgia e erupções de herpes simples na boca ou no nariz; ela também ameniza doenças mais graves que afetam o fluido cerebrospinal, a medula espinhal ou a própria coluna. Em casos de doença grave ou crônica, lembre-se de que a repetição do tratamento é de importância fundamental para a recuperação; lembre-se também de que manter as mãos na mesma posição durante vários ciclos do fluxo energético para aprofundar a cura é uma técnica de grande eficácia para acelerar o processo além das expectativas.

Sacral T (Figura 65)

Uma outra opção para terminar um tratamento de Reiki num cliente é a posição sacral T, que envia energia para os níveis profundos do sacro e do cóccix, tendo como alvo o cólon e o reto, além dos nervos que saem do sacro e do cóccix e descem para as pernas e para os dedos dos pés. É fácil aplicar essa posição: coloque uma das mãos transversalmente sobre o sacro e a outra verticalmente sobre o cóccix, de modo a formarem um T. O cliente está vestido, por isso não se deixe levar por um possível constrangimento; os benefícios da cura nessa área são extraordinários. Que toda resistência que você possa sentir dê lugar à compaixão.

Ninguém aprende a caminhar sem cair, e algumas pessoas, especialmente patinadores, esquiadores e praticantes de artes marciais sofrem muitas que-

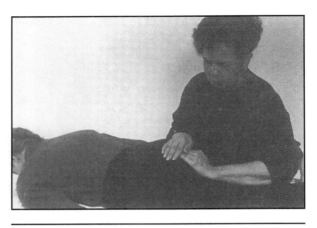

Figura 65

das durante o treinamento regular. Por isso, mãos de Reiki aplicadas sobre o sacro podem ser extraordinariamente calmantes. Embora talvez a lesão seja muito antiga e esteja aparentemente curada, o trauma pode não estar inteiramente dissolvido, e assim o corpo conservará o impacto em sua "memória", afetando a saúde dos tecidos da área. Mãos de Reiki podem efetivamente voltar no tempo, até a época da lesão original, e sentir o trauma, possibilitando que o corpo complete a cura necessária e restabeleça-se totalmente. A cura de uma lesão antiga pode exigir várias sessões de tratamento.

Outra razão para tratar essa região ao terminar um tratamento é que muitos adultos sofrem de hemorróidas, as quais causam um desconforto que pode variar de brando a severo, dependendo do grau de descuido ou de atenção que receberam. Em particular, mulheres grávidas ou que acabaram de dar à luz sofrem freqüentemente de *stress* físico nos tecidos dessa área. Adultos mais idosos, especialmente os sedentários ou os que se alimentam inadequadamente, também podem sofrer de hemorróidas. Como essas lesões no revestimento do reto e do cólon podem aumentar a ponto de exigir cirurgia, mãos de Reiki aplicadas aqui se constituem em verdadeira manutenção preventiva.

Nervos Ciáticos (Figura 66)

O tratamento de um cliente que se queixa de dores agudas, penetrantes, na região lombar e nas pernas exige que você trabalhe dos dois lados da mesa, um de cada vez. Fique de pé do lado direito do cliente e coloque a mão direita estendida sobre o quadril direito, a meia distância do centro. Sob a mão direita e perpendicular a ela, na altura do pulso, posicione a mão esquerda, abrangendo assim a lateral da nádega do cliente, sobre o músculo glúteo médio. Sinta a energia Reiki penetrar, estabilizar-se e em seguida reduzir sua atividade antes de ir para o lado oposto da mesa.

Agora, de pé do lado esquerdo do cliente, posicione a mão esquerda espalmada sobre o quadril, como anteriormente. Sob essa mão, e perpendicular a ela na altura do pulso, coloque a mão direita, abrangendo assim a lateral da nádega do cliente. Como sempre, sinta a energia fluir pelo menos durante um ciclo completo de cura.

Essa posição extra é solicitada com mais freqüência por pessoas que sofrem de ciática, um termo genérico para inflamações ou lesões causadas aos feixes de nervos ciáticos, que saem da espinha lombar e do sacro e tomam a direção dos membros inferiores. Aplicando as mãos na posição em L descrita acima, você supre a necessidade de cura do nervo ciático em sua origem, embora a dor possa ser sentida a certa distância: na virilha, nas coxas, nos joelhos, nas canelas e panturrilhas, nos tornozelos ou nos pés. A menos que haja uma lesão definida num desses pontos, que cause dor localizada, mãos de Reiki aplicadas nessa posição geralmente propiciarão alívio das dores ciáticas e de seus inúmeros sintomas. Como os problemas nessa área freqüentemente são crônicos, prepare-se para realizar vários tratamentos antes de conseguir alívio duradouro.

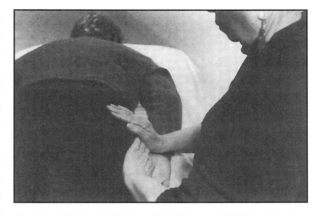

Figura 66

A Finalização do Tratamento (Figura 67)

Embora um tratamento de Reiki completo num cliente possa incluir apenas as quatro posições nas costas que correspondem às quatro posições padrão da frente do tronco, do mesmo modo como há muitos motivos para começar um tratamento na parte superior das costas, há também várias razões para continuar o tratamento até a região lombar e terminá-lo com uma das seguintes modalidades: uma das mãos sobre a parte posterior do pescoço e a outra sobre o sacro; ambas as mãos em T sobre o sacro e o cóccix; ou ambas as mãos espalmadas sobre a sola dos pés (figura 67).

Os reflexologistas lhe dirão que a sola dos pés mapeia, em miniatura, todas as outras partes do corpo: o dedo grande de cada pé corresponde à cabeça, aos olhos, às glândulas pineal e pituitária, à boca e aos seios paranasais; a bola dos pés corresponde à parte superior do peito, e inclui os brônquios, os pulmões e os seios; e assim por diante. Verdade ou não, o fato é que o Reiki aplicado na sola dos pés pode sem dúvida ser sentido em outros pontos do cor-

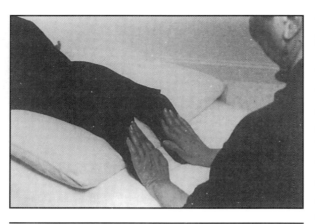

Figura 67

po e é extremamente relaxante. O mais importante, talvez, é que mãos de Reiki aplicadas ali atraem para as extremidades a energia de cura agora concentrada no tronco. Esse fluxo equilibra e ao mesmo tempo dá firmeza ao cliente, que está perto de ser despertado pela última vez, terá apenas alguns minutos para voltar ao estado de consciência habitual e retornará para casa ou para o trabalho e para as solicitações da vida cotidiana.

Talvez o melhor modo de resolver como você gostaria de finalizar seus tratamentos seja intercambiar sessões com um praticante de Reiki e avaliar os efeitos da energia em cada uma dessas posições. Uma alternativa é oferecer ao cliente a mesma oportunidade na primeira sessão e trabalhar de acordo com o que ele preferir nas sessões seguintes.

Como em todas as posições, ouça suas mãos para identificar o momento de passar para a posição seguinte, e — neste caso — para concluir o tratamento. Por mais formal ou informal que a sessão tenha sido, peça ao cliente para voltar ao estado de consciência normal gradualmente e para não ter pressa de passar da posição deitada para a sentada (pois ele pode ficar tonto com a mudança na pressão sangüínea ou desorientado por ter dormido e sonhado). Se possível, ofereça-lhe um copo de água fria. A sensação de beber água fria em estado de relaxamento tem um efeito centralizador. Devolva os óculos, se houver, e leve os sapatos do cliente para perto dele. Incentive-o a descer da maca somente quando ele se sentir bem desperto. Agradeça a ele pela oportunidade de ter-lhe oferecido a cura do Reiki e convide-o a lhe telefonar dentro de um dia ou dois se quiser fazer algum comentário ou pergunta. Acompanhe-o então até a porta e despeça-se.

Concluído o tratamento, é muito provável que você mesmo esteja energizado e relaxado, e, se se olhar rapidamente no espelho, você terá uma grande surpresa com seu próprio brilho — esses são efeitos secundários do trabalho com a energia Reiki, sempre atenta também à sua cura! Desfrute as sensações do fluxo de energia, a percepção sensorial ampliada, a clareza mental, a paz de espírito e o sorriso que se esboça em seu coração.

COMPLETANDO O PROCESSO DE SINTONIZAÇÃO

Depois das intensas horas de prática de imposição das mãos aplicando um tratamento de Reiki completo num cliente, os alunos às vezes se surpreendem ao dar-se conta de que têm mais uma sintonização a receber. Essa quarta e última sintonização de um curso de Reiki Usui tradicional é feita do mesmo modo que as anteriores, mas tem um efeito acentuadamente diferente. Ela completa a seqüência, estabilizando o canal de cura dentro de cada praticante de Reiki, fixando-o definitivamente para o resto da vida.

"Sinto-me bem." Um sorriso. Um movimento de cabeça de satisfação. "Realmente bem. E minhas mãos estão muito quentes mesmo."
"A impressão é que tenho um ímã entre as mãos que as mantém unidas — é como se houvesse correntes de energia fluindo em torno delas. Nítido."
"Meu coração está mais aberto. Tenho vontade de rir e de chorar ao mesmo tempo."
"Vi novamente aquela cor azul-púrpura rodopiante. Sinto a mesma pulsação nas mãos — apenas mais intensamente."
"Humm... É difícil descrever. Minhas mãos estão formigando muito. Acho que se as agitasse no ar, elas deixariam um rastro de minúsculas luzes."
"Em paz. Minhas mãos estão ligadas. Há uma espécie de pulsação entre as palmas. Isso é tudo."

Além de estabilizar o canal, a quarta sintonização também "fecha" o praticante de Reiki para que ele não precise assumir a dor ou o sofrimento da pessoa para ajudá-la a curar-se. Anos de experiência ensinaram-me que esse processo de "fechamento" funciona também na outra direção. Um cliente que recebe um tratamento de um praticante que está doente, ou mesmo num estado de espírito negativo, não absorverá a doença ou a negatividade do praticante. Em vez disso, a energia Reiki ajudará a ambos em seu processo de cura, uma vez que ela passa pelas mãos do praticante e chega ao cliente.

A seqüência tradicional de quatro sintonizações confere a habilidade de canalizar a energia Reiki num limiar abaixo do nível da intenção consciente. Muitos praticantes treinados desse modo sentem suas mãos ligarem-se espontaneamente ao caminhar em meio a uma multidão, ao sentar ao computador para escrever uma carta a um amigo ou ao observar o clarão de um relâmpago durante uma tempestade. Elas podem ligar-se inclusive durante o sono.

A sensação de estar em harmonia com a vida, que todos experimentamos às vezes, é acentuada por meio das sintonizações para que a mente consciente veja. A alma assimila a lição de que essa harmonia com a energia vital universal é natural e ao mesmo tempo constante; o corpo, transformado, dá sustentação a essa lição para que a mente e o coração possam apreciar essa verdade espiritual, usufruir a sensação do fluxo, e gradualmente ficar livres dos pensamentos de separação e isolamento, e conhecer a alegria.

OS PRIMEIROS DIAS DEPOIS DO CURSO DE REIKI

Depois de receber a quarta sintonização num curso de Reiki tradicional, é possível que você chegue a pensar que sua aventura espiritual chegou ao fim. Na verdade, o caminho se amplia ainda mais à sua frente, agora mais iluminado: você pode buscar clareza de propósito, maior concentração em suas metas, um forte senso de orientação, e sincronicidades mais freqüentes — aquilo que é melhor para você aparecendo exatamente no momento perfeito. Entretanto, as habilidades mais evidentes que você estará desenvolvendo como resultado do curso são a intuição e uma intensificação de seus "sentidos internos" — correlatos dos sentidos externos —, as quais lhe possibilitam captar informações transmitidas energeticamente: o fluxo da energia Reiki através de suas mãos, movimentando-se embaixo delas e irradiando-se para fora delas através do corpo físico e também do corpo energético (a aura humana), que registra nossa saúde, nossos sentimentos e nossos pensamentos.

Assim, ouça suas mãos. A energia que flui através delas lhe ensinará o que você precisa saber.

9

Levando o Reiki para Casa

Provavelmente suas mãos estarão bem ativas nos dias imediatamente subseqüentes ao curso: algumas sensações poderão surpreendê-lo, e é inclusive possível que você seja despertado de um sono profundo pela sensação da energia fluindo através das mãos. Se isso acontecer, simplesmente ponha-as para trabalhar: coloque-as sobre seu coração ou descanse-as suavemente nos ombros de seu cônjuge. O fluxo de energia propiciará a cura mesmo se você voltar a dormir.

Não se surpreenda também se depois de se tratar antes de sair da cama pela manhã, você notar manchas avermelhadas no corpo durante o banho. Sua circulação foi estimulada pelo fluxo da energia Reiki. Embora essas marcas possam parecer um tanto alarmantes, o que aconteceu foi bom; elas desaparecerão em poucas horas.

É possível também que suas mãos se liguem em ocasiões singulares. Talvez você esteja fazendo uma apresentação importante na sua empresa, apontando a régua para a lousa, e de repente sente o fluxo de energia Reiki. Ou, quem sabe, ao brincar com seu bebê de nove meses, tentando levá-lo até o bichinho de pelúcia preferido, você se dê conta de que suas mãos estão ligadas. Ou ainda, ao servir sopa num albergue para desabrigados, de repente você percebe que suas mãos estão excepcionalmente quentes.

Todas essas ocorrências são lições que se prolongam na presença constante do Espírito que orienta a energia de cura para todos os aspectos de sua vida e, por seu intermédio, para a vida de todos aqueles com quem você entra em contato e que precisam de cura. À medida que for percebendo que isso está acontecendo, você encontrará meios de convidar a energia a aliar-se a você. Ao sentar-se à mesa para jantar, você poderá impor suas mãos de Reiki sobre o alimento — para reforçar seu valor nutricional — e descobrir que esse gesto é uma verdadeira bênção, uma forma de dar graças. Ou talvez você vá à floricultura na primavera, apanhar alguns envelopes de sementes, e perceba que, depois de semeadas, as sementes crescem mais rapidamente e se transformam em plantas saudáveis e bonitas se você passar algum tempo carregando-as com energia Reiki. Ainda, se você precisa trocar o curativo de um corte com pontos todos os dias, lembrará que sempre que fizer isso pode impregnar o esparadrapo, a gaze e o próprio corte com energia Reiki. E seu impulso estará correto: praticantes de Reiki experientes lhe dirão que essas são formas eficazes de expandir os benefícios da energia Reiki em sua vida.

Você também se defrontará com situações que o induzem a oferecer o apoio que o Reiki propicia. Talvez você esteja assistindo à TV, quase cochilando, as mãos relaxadas sobre o colo, quando seu cachorro chega e aninha a cabeça debaixo de suas mãos. Ou uma amiga talvez lhe telefone pedindo-lhe para ir com ela visitar a mãe hospitalizada. Ou um colega de karatê pode cair de mau jeito, retirar-se do tatame e perguntar se há alguém que pode fazer alguma coisa para aliviar a dor que ele sente no tornozelo torcido enquanto o gelo e a aspirina não começam a fazer efeito.

Dizer sim ao uso das mãos para curar deveria ser fácil, você não acha? Muitas vezes é. Você estende a mão e alguém a pega. Você pergunta: "Posso ajudar?", e é convidado a chegar mais perto. No início, porém, oferecer-se para aplicar Reiki num amigo ou num membro da família que necessita de cura pode parecer a última coisa que você quer fazer. Ali está alguém que o ama, que conhece tanto suas fraquezas como suas qualidades. O que você fará ou dirá se, em vez de aceitar sua oferta altruísta, sua melhor amiga olhar para o céu e disser: "Ah, não venha me dizer que você está metido com essas coisas de Nova Era..."

Você descobrirá rapidamente que seu ego e seu espírito podem sobreviver incólumes ao ceticismo, e que a energia de cura em suas mãos não é afetada pela opinião de outras pessoas. Embora isso sirva de consolo, ainda assim chegará o momento em que você quererá comunicar essa experiência por meio de palavras e não saberá como começar.

A maneira mais fácil de descrever o Reiki é em termos das experiências que já são familiares, como a da massagem ou a do trabalho corporal. Entretanto, se seu amigo aceitar o alívio de seu toque sem nenhuma explicação preliminar, as sensações do fluxo de energia Reiki que ele registrar poderão sugerir a ele comparações confortadoras. Talvez você o ouça dizer: "Suas mãos parecem uma almofada elétrica", quando você as coloca sobre uma lesão antiga, ou: "...uma bolsa de gelo..." sobre um músculo distendido mais recentemente.

Um de meus alunos, professor universitário e chefe de departamento, aprendeu Reiki depois de receber tratamentos regulares durante três anos. Perguntei se ele tinha intenção de revelar esse fato à esposa.

"Bem, ainda não tive oportunidade de tocar no assunto."

"Você não acha que vai querer usar o Reiki para ajudá-la com suas enxaquecas?", perguntei.

"Eu o uso... por assim dizer... Eu pergunto se ela gostaria que eu lhe massageasse o pescoço, e então coloco as mãos sobre seus ombros e deixo a energia fluir."

Não pude deixar de rir. "Você não acha que ela já percebeu que você não está massageando o pescoço realmente?"

"Tenho certeza disso, mas acho que ela não se importa. Ela sabe que, seja o que for que eu esteja fazendo, faz com que se sinta melhor e elimina suas dores de cabeça."

Mesmo com um sutil incentivo, esse homem não conseguiu falar à esposa sobre o Reiki, talvez porque julgue que se o fizer seu casamento ficará ameaçado. E, na verdade, há até mesmo pessoas que se recusam a aprender Reiki se seus cônjuges não fizerem o curso também. Elas não querem nada em sua vida que possa aborrecer o companheiro ou companheira.

Os casais que vivem um casamento tradicional com essas características, descrito por eles mesmos como "sólido como uma rocha", geralmente construíram a vida conjugal com extremo cuidado. Todavia, às vezes eles precisam ser lembrados de que um bom casamento é suficientemente forte para aceitar o crescimento de ambos sem pôr em perigo o amor que um sente pelo outro.

O Reiki pode ser esse lembrete. Muitos casais descobrem que depois que um dos cônjuges aprende Reiki eles passam a ter um novo tipo de toque — mais delicado e suave — a oferecer um ao outro. Mesmo quando um dos cônjuges resolve aprender e o outro não, a energia trabalha para sustentar seu amor mútuo incondicional, como também sua saúde pessoal e a de suas famílias. É comum cônjuges "resistentes" resolverem, com o tempo, aprender Reiki, baseados nas evidências que têm diante dos olhos: um cônjuge mais saudável, mais feliz, e uma sensação renovada de vitalidade em seu próprio corpo depois de um tratamento de Reiki.

É raro, mas não impossível, ouvir dizer que o Reiki pode também apressar a dissolução de um casamento que já está em crise, em que os companheiros vêm tendo desavenças há algum tempo e estão apenas se afastando mais. O Reiki de imposição das mãos ou de cura a distância pode amenizar a dor emocional da perda e apressar a recuperação pessoal de ambos os cônjuges; o fluxo da energia também oferece uma boa base para que os ex-cônjuges continuem como amigos durante toda a vida.

Para a grande maioria, porém, como o Reiki acelera o crescimento espiritual, todos os que vivem ao seu redor sentirão um pouco mais de amor e luz, e retomarão o próprio ritmo de crescimento para continuar em sua companhia. Novos amigos conscientes, sensíveis e amorosos também o encontrarão, às vezes vindos do outro lado do mundo, e não parecerão "novos" absolutamente, mas tão familiares como se tivessem viajado com você vida após vida e somente agora estivessem novamente voltando para casa, para o seu coração.

Talvez essa seja a forma: você leva o Reiki para casa, falando dele ou não, por meio de sua própria presença iluminada. Os que estão à sua volta sentem, aceitam e celebram a mudança que ocorre em você — ou então se afastam — e outros se aproximam, sorrindo. Você descobre que está a salvo, seguro, contente onde quer que esteja, no fluxo do amor incondicional através de suas mãos. Um dia você compreende que está "em casa", e sabe que mora em seu coração.

FORMANDO UMA REDE DE APOIO

Dez anos atrás, quando aprendi Reiki, precisei esperar seis meses até que um Mestre viesse à região onde eu morava para ministrar um curso — e eu vivia numa cidade de 6 milhões de habitantes, a uns duzentos quilômetros de Nova York, exatamente no corredor metropolitano marítimo oriental. Atualmente, há muito mais Mestres de Reiki ensinando em público e em particular em todo o mundo: anúncios de cursos aparecem nas seções de eventos dos jornais das cidades; círculos de cura e encontros para troca de Reiki são divulgados na Internet; cartões de apresentação de praticantes de Reiki enchem os quadros de avisos de livrarias e lojas de produtos naturais.

É cada vez mais fácil encontrar outros praticantes de Reiki para compartilhar experiências e trocar tratamentos. Ainda assim, alguns de seus melhores amigos reikianos podem ser pessoas que você encontra no curso de Reiki. Se você sentir uma ligação imediata com alguém durante o curso, diga isso à pessoa. Troquem telefones. Peça o *e-mail* de seu novo amigo. Ou marquem um encontro para os próximos dias com o objetivo de praticar um com o outro, e então continuem se encontrando para trocar tratamentos regularmente. Você vai descobrir que é maravilhoso ter alguém em sua vida que compreende o que você quer dizer quando descreve a energia nas mãos e as suas experiências com o Reiki.

É de grande benefício também ter condições de resolver dúvidas que surgem com a prática diária. Um círculo de cura, um grupo de intercâmbio de Reiki ou o acesso à Internet podem lhe dar essa oportunidade. Por exemplo, recentemente, um praticante da Itália fez uma consulta via Internet sobre como tratar um amigo idoso que sofria de osteoartrite. Em poucos dias, um praticante do Canadá e um mestre de Reiki da Holanda responderam descrevendo suas experiências e dando algumas sugestões específicas sobre a freqüência dos tratamentos necessária para essa condição crônica.

É muito prazeroso também "enviar cartões-postais" via Internet, comunicando seu progresso a alguém que segue o mesmo caminho. À medida que sua própria saúde melhora, e seu crescimento espiritual se acelera, uma conversa com um amigo reikiano pode fazer com que você se sinta tão energizado como se aplicasse um tratamento num cliente.

Teoricamente, seu Mestre de Reiki também poderá oferecer-lhe apoio depois do curso, nem que seja apenas por meio de telefonemas eventuais para esclarecer dúvidas que possam surgir. Embora muitos Mestres viajem para ensinar e tenham agendas apertadas, alguns recebem círculos de cura regularmente em sua casa. Os Mestres de Reiki em geral se sentirão felizes em contar com sua presença como assistente nos cursos que ministram, e o convidarão a participar desses cursos na sessão de encerramento do nível I, para que você possa compartilhar suas histórias sobre Reiki e para que as lições da sua experiência possam ser aprendidas por todos.

ESTABELECENDO-SE PROFISSIONALMENTE

Embora nem todos os que aprendem Reiki tenham a intenção de desenvolver uma prática profissional em tempo integral ou mesmo parcial, se e quando você resolver que está preparado para comprometer-se a tratar clientes regularmente, perceberá que o universo lhe envia prontamente o que você precisa, desde um espaço apropriado até clientes regulares. Para receber esse apoio, porém, você precisa fazer bom uso dos recursos que ficam disponíveis para você em cada etapa da transição de sua carreira antiga para a nova. Essa é uma expressão bela e amorosa do seu comprometimento, para o qual o universo sempre terá uma resposta apropriada.

Isso pode significar você limpar um quarto vago ou terminar a reforma do porão para transformá-lo numa sala de tratamento — um investimento de tempo, energia e um pouco de trabalho duro. Ou pode significar sacrificar seu jantar semanal no restaurante durante um certo tempo para economizar com o objetivo de adquirir uma mesa de tratamento. Ou ainda você pode ter de renunciar a alguns finais de semana para fazer um curso de contabilidade ou passar várias noites lendo livros sobre como iniciar e administrar um pequeno negócio. Esteja disposto a esforçar-se e a gastar o tempo, a energia e o dinheiro necessários para fazer tudo o que for preciso, desde obter os alvarás exigidos até conservar flores frescas no consultório, para implantar sua prática profissional em sua comunidade. Tempere o entusiasmo para essa mudança profissional com planejamento consciente e responsável, e então seja um prestador de serviços confiável e um praticante de Reiki inspirado. Desse modo, você poderá "ganhar o dia honestamente" — e deleitar-se fazendo o trabalho que você ama.

Como Escolher uma Mesa de Tratamento

Podem-se adquirir mesas para massagem e terapia corporal em lojas varejistas que vendem exclusivamente esse tipo de equipamento; revistas de saúde alternativa e da Nova Era também anunciam e indicam lojas que vendem pelo correio. Às vezes, é possível adquirir modelos que saíram de linha ou estão em promoção por preços mais baixos, ou comprar uma maca usada de um massagista que volta à universidade para seguir uma profissão diferente ou que se aposenta.

Uma boa mesa de massagem deve ajustar-se à sua altura (e também dispor de um sistema de regulagem que permita ajustá-la à altura de colegas ou amigos que se disponham a trabalhar em você). Teoricamente, ela deve possibilitar que você fique na lateral, na cabeceira e nos pés numa postura equilibrada e relaxada, além de permitir que você trabalhe num cliente nas posições padrão sem tensões ou esforço. As mesas mais ajustáveis podem ser adaptadas a alturas de 66 a 90 centímetros.

A superfície da mesa deve ser de vinil ou de outro material resistente de fácil limpeza. Uma almofada debaixo dessa superfície aumenta o bem-estar de quem se deita nela — quanto mais grossa a almofada, maior o conforto. (A fofe a superfície de uma mesa dura com um acolchoado ou um colchão de penas por baixo do lençol.)

Algumas mesas dispõem de um entalhe que possibilita ao cliente descansar a cabeça sem estressar as vértebras do pescoço; em geral, os fabricantes oferecem um apoio opcional para a cabeça (disponível por um valor adicional), ajustável por dispositivos nas extremidades da mesa. Embora você talvez resista à idéia de fazer gasto extra, os clientes relaxam mais profundamente quando estão com a cabeça apoiada durante um trabalho corporal; então, você pode rapidamente perceber que essa é uma aquisição importante e que vale a pena.

Algumas mesas de massagem são fixas, ou seja, não portáteis. A menos que você esteja totalmente instalado e tenha certeza de que trabalhará durante muito tempo numa sala específica (num consultório de quiroprática, digamos), adquira uma mesa portátil dobrável, com pernas de madeira ou de metal também dobráveis. Essa medida facilitará sua vida na hora de aceitar convites de círculos de cura, hospitais e sanatórios para tratar pacientes e seus familiares aflitos.

O peso e as dimensões de uma mesa de massagem dobrada também precisam ser levados em conta. Se você for de porte franzino, será difícil andar por aí com uma mesa pesada. Mesas bem leves são muito valorizadas, por isso, se possível, examine a altura e o peso antes de fazer a compra. Avalie também se as dimensões da mesa dobrada permitem o transporte no bagageiro ou no assento de trás do carro.

Finalmente, é boa idéia investir também numa capa para sua mesa. Ela a protegerá nos seus contínuos deslocamentos e também em casa contra a poeira, a sujeira, batidas em geral e — talvez o mais importante — contra gatos; eles parecem ter predileção especial por mesas impregnadas de energia amorosa.

Como Organizar a Sala de Tratamento

Depois de comprar uma mesa de massagem ou terapia corporal e comprometer-se a cuidar bem dela, você começará a atrair amigos, familiares e clientes (encaminhados a você por "ouvir dizer" ou como resposta aos seus anúncios) com mais freqüência. À medida que essas pessoas o procurarem, procure apresentar-lhes uma imagem que seja a mais profissional possível.

Providencie para que a sala de espera seja asseada, confortável, agradável e repousante; enfim, que antecipe a atmosfera da sala de tratamento. Quanto à sala de tratamento propriamente dita, a partir do momento em que você a reservar para esse novo objetivo, todos os vestígios de sua serventia anterior, como "escritório dos fundos" ou quarto de hóspedes, precisam ser removidos, inclusive o telefone. Essa sala também deve ser limpa e mobiliada com simplicidade e despojamento — o móvel principal provavelmente será a mesa de tratamento. Uma iluminação suave pode ajudar a transformar a sala num espaço confortável.

Além da mesa de tratamento, inclua um armário ou uma prateleira para lençóis limpos, travesseiros, fronhas, um acolchoado ou cobertor, travesseiros extras ou uma almofada para os joelhos. É interessante ter também uma mesinha para um jarro de água e copos para você e para o cliente; um descanso para os óculos é um toque de bom gosto. Certamente ter à mão um calendário, uma agenda e cartões de apresentação facilitará marcar a sessão seguinte com o cliente.

Além disso, decore a sala com elementos não tanto de valor prático, mas de estilo pessoal: plantas, música, uma cadeira de balanço num canto, livros sobre medicina alternativa, cerâmica, quadros, fotografias, velas aromáticas, incenso. Ao fazer essas escolhas, leve em conta antes de mais nada o conforto do cliente. (Por exemplo, por respeito a um cliente regular que sofre de alergia, talvez você não deva usar produtos aromáticos ou incenso nessa sala, e seria bom impedir que animais de estimação entrem nela. Por outro lado, se você conhece aromaterapia e quer aumentar a energia Reiki com aromas de cura, pode abrir a janela para ventilar a sala antes da chegada de um cliente alérgico.)

Seja qual for sua decisão, desfrute o processo de criação de um espaço de cura para si mesmo e para os outros. Use a sala e os recursos nela introduzidos com gratidão e amor. Emoldure e pendure seu certificado de Reiki na parede, pois ele demonstra claramente suas qualificações profissionais para os clientes e carrega a energia Reiki: seu Mestre de Reiki assinou, selou e sintonizou o certificado — e o deu a você — com amor.

Como Manter Registros

Como qualquer profissional de um pequeno negócio, você precisa manter registros adequados para fins de impostos. Embora uma agenda possa ser suficiente para suas necessidades, a Receita Federal prefere ver uma planilha do tempo efetivamente dedicado ao atendimento dos clientes. Além disso, também é necessário um livro de razão entre receita (dinheiro, cheques ou mercadorias recebidas) e despesa. Lembre-se de que a Receita Federal é especialmente rígida com relação a deduções para escritórios domésticos. Reveja todos os anos os requisitos para deduções legais e conserve cuidadosamente toda documentação que comprove qualquer dedução. Se tiver dúvidas quanto ao modo de ter sua devolução de imposto como praticante de cura alternativa autônomo de tempo integral ou parcial, recorra a um contador qualificado para ter certeza de que as informações que você presta ao governo são precisas e completas.

Além de manter registros para fins tributários, também é boa prática profissional manter arquivos confidenciais dos clientes. Embora não seja uma obrigação legal fazer anotações sobre o progresso do cliente no final de cada sessão, você verá que esses registros são de grande utilidade tanto para você como para o cliente, especialmente no sentido de ajudar o cliente a compreender o processo de recuperação, clarificar metas pessoais e profissionais e decidir sobre alterações em seu estilo de vida.

Quanto às suas metas pessoais, como você conseguiu passar de outra profissão para a de praticante de Reiki, talvez fique tentado a não pensar muito além disso. Embora a alegria que você sente com a nova profissão possa parecer grande demais para durar, acredite que isso pode acontecer; uma atividade voltada ao bem de outras pessoas dispõe de meios próprios para manter o praticante serenamente contente e alegre.

CERTIFICAÇÃO DE REIKI NÍVEL I

O término de um curso de Reiki nível I tradicional assinala um momento de alegria que abre possibilidades infinitas, literal e figurativamente falando. A experiência de suas mãos é uma experiência de união consciente com a energia vital universal. Você pode dirigir o fluxo dessa energia para milagres e também para uma paz de espírito maior.

Esse momento é assinalado com uma cerimônia em que seu professor o presenteia com um certificado assinado, datado e selado, carregado com energia de cura, atestando que você concluiu o curso básico do método Reiki Usui de cura natural. Enquanto você agradece ao professor, os colegas podem aplaudi-lo e alguém pode até tirar uma fotografia. (Não tenha receio de ser fotografado. Se o professor quer sua foto, é para que ele e outras pessoas possam usá-la para enviar cura a distância se você pedir.) Com o certificado de Reiki I, você está habilitado a praticar o Reiki profissionalmente. Embora talvez você não se estabeleça profissionalmente, o prazer de trabalhar com o Reiki para curar e produzir mudanças positivas lhe trará satisfação à alma.

O PAPEL DO ASSISTENTE NUM CURSO DE NÍVEL I

Sempre que seu professor programar um curso em sua cidade, será de grande proveito se você aceitar o convite dele para participar do curso como assistente. É provável que você contribua com histórias de suas experiências com o Reiki, o que acrescenta muito ao belo efeito caleidoscópico de corações que estão sendo remodelados por mãos de cura. Você pode também dar assistência a um aluno que se atrapalha na hora de aplicar as posições padrão. Colaborando com o professor, você receberá tanto quanto der — e mais. Você repassará os ensinamentos do Reiki, terá a oportunidade de perguntar e obter respostas e poderá rever colegas e fazer novos amigos. Mais importante que isso, porém, é que a energia do Reiki estará impregnando o próprio ar que você respira com luz e amor incondicional. Quando o curso terminar, você se sentirá mais lúcido, estimulado e energizado — ou serenamente descansado e revigorado — o que for mais benéfico para você na ocasião.

CRIE COM O REIKI A VIDA QUE VOCÊ QUER

Usufrua todas as possibilidades de crescimento que se apresentarem: aprenda outras modalidades de cura; combine-as com a prática do Reiki; trabalhe como voluntário com pacientes aidéticos; leve o Reiki "para a rua", promovendo intervalos para relaxamento como alternativa para intervalos para o cafezinho nas empresas; comece um grupo de estudos espiritualistas; ponha-se à disposição para colaborar num refúgio ecológico; cozinhe e energize com Reiki cada ingrediente que você usar; crie um jardim em que cada planta seja carregada com energia Reiki e cuja beleza deslumbre os olhos e conforte a alma; escreva aos vereadores e ao prefeito de sua cidade, ou aos deputados e senadores, sobre os problemas de sua comunidade e energize com Reiki o papel, o selo e cada palavra. Deixe-se inspirar e levar pelo amor para novas direções. Entre numa relação consigo mesmo que seja de cura para o mundo inteiro.

10

O Curso Avançado de Reiki: Uma Visão Geral

Nenhum livro, por mais completo que seja, oferece os benefícios que um curso de Reiki proporciona, pela simples razão que um livro não lhe confere a energia Reiki que o capacita a ser um canal de cura. Isso se aplica aos ensinamentos ministrados em todos os níveis do método Reiki Usui de cura natural, ou seja, os níveis básico, avançado e de mestrado. Para que essa transformação aconteça, é necessário que você seja adequadamente sintonizado por um Mestre de Reiki treinado e habilitado.

Por isso, e também porque os métodos de cura a distância ensinados nos cursos de Reiki nível II tradicional são muito variados — e válidos —, o que vem a seguir é uma visão geral de diversos conceitos pertinentes, não se constituindo de modo algum em substituto do conteúdo instrucional específico ensinado pelo mestre de Reiki durante o curso ou durante estudos mais aprofundados por ele coordenados.

Essa visão geral dos conceitos discutidos num curso de Reiki nível II tradicional será inteiramente compreensível ao leitor já habilitado em Reiki I que leia este capítulo como preparação para outros treinamentos, ou ao leitor já habilitado em Reiki II que o leia com objetivos de revisão. Sem uma fundamentação prática sólida do Reiki de imposição das mãos, é possível que a força da imaginação do leitor seja maior do que a capacidade de sua mente consciente de acreditar. Ao leitor que se encontre nessa situação, aconselha-se que receba um tratamento de Reiki ou participe de um curso de Reiki I antes de continuar.

Durante o curso de Reiki tradicional de cura a distância, geralmente ministrado num período de dois a três dias, o praticante recebe duas sintonizações, as quais aumentam a capacidade de canalizar a energia de cura e ampliam a percepção do fluxo sutil da energia. Além disso, ele aprende a desenhar três símbolos e usá-los em tratamentos de imposição das mãos e de cura a distância; outro item do programa é o aprendizado de um método de cura a distância. Ao término do curso, ele recebe um certificado de conclusão de treinamento no "curso avançado do Método Reiki Usui de Cura Natural".

Devido à variedade de sintonizações, símbolos e métodos de cura a distância ensinados por Hawayo Takata aos 22 Mestres de Reiki por ela iniciados, o que seu Mestre de Reiki tradicional lhe ensina no nível II pode ser bem diferente do que apresento aqui. Tenha, porém, confiança na energia, pois ela é poderosa o bastante para operar por meio de muitos métodos, muitos símbolos, muitas mãos e muitos professores, com amor incondicional. Acredite também que, como praticante de Reiki, você é levado a aprender da maneira que lhe for mais apropriada e que seu curso de Reiki II demarcará o início de um nível de experiência muito mais profundo, não com uma linha divisória rígida e estanque, mas com o ritmo suave e progressivo de um despertar para uma nova e maravilhosa visão do seu mundo.

Talvez você tenha se dado conta de que a "eletricidade" prazerosa que flui por suas mãos o energiza tanto que você simplesmente quer continuar tendo essa sensação. É possível que você tenha concluído que deve haver um modo mais fácil de tratar suas costas do que usando as posições padrão de imposição das mãos, e tenha resolvido que, seja o que for, você precisa aprender. Ou, ainda, as mudanças positivas que aconteceram em sua vida pessoal e profissional depois de aprender Reiki I o surpreenderam tão agradavelmente que você está ansioso para participar do curso seguinte. Todos esses são excelentes motivos para aprender Reiki II, o método de cura a distância. E há mais uma razão: se o Reiki I lhe propiciou uma vivência espiritual nunca antes sentida, é possível que você tenha se apaixonado pela prática de Reiki e sinta uma espécie de anseio espiritual de aprender mais.

Para a maioria das pessoas, porém, o desejo de aprender Reiki de cura a distância é estimulado pela constatação das limitações que restringem seu conhecimento prático atual: uma pessoa emocionalmente próxima, mas fisicamente distante centenas de quilômetros, precisa de tratamento; na impossibilidade de deixar tudo e pegar um avião para estar junto a essa pessoa, a única alternativa que resta é rezar. Embora a oração possa fazer — e faça — milagres, quando você sabe que o toque de mãos de Reiki pode vencer grandes distâncias é natural querer acrescentar às orações o poder da energia que não conhece limites para a cura.

Quaisquer que sejam os motivos que o levaram a aprender o Reiki de cura a distância, é provável que, em algum momento durante o curso de nível II, você descubra que alguns colegas foram estimulados por razões muito semelhantes às suas. Para os praticantes em geral, os momentos que antecedem um curso de Reiki II são cheios de sorrisos amigáveis, cumprimentos cordiais e muita expectativa. No entanto, no momento em que o Mestre de Reiki convida um a um a fazer seu depoimento sobre as experiências com o Reiki desde o curso de nível I, as histórias narradas imediatamente levam todos a concentrar-se.

"O que andou acontecendo em sua vida?", ele pode perguntar. "Você tem alguma história para nos contar sobre seu trabalho de cura com o método de imposição das mãos?"

"A primeira vez que usei Reiki foi para tratar minha sogra, que tem glaucoma. Pedi-lhe para deitar-se no sofá e deixar que eu pusesse minhas mãos sobre seus olhos. Minhas mãos se ligaram e ficaram bem quentes; depois de uns vinte minutos, elas começaram a esfriar. Afastei as mãos e olhei para minha sogra; os olhos dela tinham voltado às órbitas, porque a pressão ocular havia baixado. Ela disse que se sentia melhor, mas, quando olhou no espelho, não conseguia acreditar. Ela podia ver a diferença, também."

"Perguntei a um amigo se eu podia aplicar-lhe um tratamento completo como presente de Natal. Ele aceitou, mas disse que o único tempo de que dispunha era na mesma tarde em que já havia marcado uma sessão de massagem — um presente de Natal que ele estava dando a si mesmo. Trabalhei em meu amigo durante uns 45 minutos — ele é saudável, de modo que o tratamento não exigiu mais tempo. Ele disse que se sentia bem, me agradeceu e foi para sua massagem. Mais tarde me telefonou para dizer que a massagista lhe perguntara por que ele havia marcado um tratamento. Não havia músculos tensos, nem espasmos, nem nós. Era a primeira vez que ela trabalhava em alguém que já estava tão relaxado."

"Sou massagista, e o que descobri é que desde que aprendi Reiki I meu trabalho ficou mais fácil. Agora começo uma massagem simplesmente pousando as mãos sobre os ombros do cliente por alguns minutos e deixando a energia fluir. Quando sinto que a tensão diminui, começo a massagem. Os clientes se sentem realmente calmos — e eu não preciso usar tanta pressão no toque, o que facilita muito o meu trabalho."

"Uma de minhas boas amigas é uma senhora de idade. Ela é diabética, e precisou amputar alguns dedos dos pés, por isso sai pouco. Depois que aprendi Reiki I, fiquei ansiosa para tratá-la, então combinamos um horário. Ela se mostrou muito aberta quando expliquei o que ia fazer — e foi sensível à energia. Enquanto eu aplicava as posições do Básico I, ela disse que conseguia sentir a energia que chegava até os dedos que lhe faltavam."

"Uma de minhas filhas deu à luz alguns meses atrás, pouco depois do término do meu curso de Reiki I. Ela me pediu para ficar com ela na sala de parto e tratar suas costas durante o trabalho de parto. Segundo ela, as aplicações ajudaram muito — e para mim foi uma grande alegria assistir ao nascimento do meu neto."

"Meu sogro está sendo tratado de um tumor canceroso debaixo do esterno. Meu marido e eu podemos visitá-lo à noite, ocasião em que lhe aplico Reiki. Também pedi a algumas amigas que são canais de Reiki II que lhe enviem energia, e elas têm feito isso. Os médicos dizem que estão muito satisfeitos com o modo como o tumor vem regredindo. Sei que parte disso é resultado da radiação e da quimioterapia, mas os médicos dizem que estão surpresos com a melhora dele, bastante incomum. Assim, estou muito entusiasmada para aprender Reiki nível II."

PARTICIPANDO DE UMA EXPERIÊNCIA COMUM, ANALISANDO UMA EXPERIÊNCIA NOVA

Essas histórias revelam a delicadeza e a compaixão que caracterizam muitos praticantes de Reiki — e também lembram a todos os presentes as doenças que podem tratar com suas mãos de Reiki. Quaisquer que sejam as experiências individuais que os praticantes tenham em seu trabalho com a energia, quaisquer que sejam suas profissões, eles agora contam suas histórias demonstrando compreender o poder que a energia Reiki tem de curar pessoas até mesmo desenganadas. Ao partilhar essas histórias, eles se inspiram mutuamente e aprendem uns com os outros, fortalecendo sua base de compreensão com percepções compartilhadas e a aceitação de si mesmos com atenção imparcial e amorosa em relação aos demais colegas.

O Reiki de cura a distância capacita o praticante que tem experiência com o tratamento de imposição das mãos a obter um aumento do fluxo energético durante o autotratamento ou o tratamento de um cliente, a dedicar-se a aspectos emocionais e mentais que necessitam de atenção e a enviar a mesma energia vital universal dirigida pelo Espírito a uma pessoa em outro ponto do espaço e do tempo. O Reiki de cura a distância, também conhecido como tratamento ausente, capacita o praticante a enviar Reiki a alguém que está literalmente ausente — talvez a milhares de quilômetros de distância; ele também possibilita ao praticante enviar Reiki a si mesmo para aumentar os benefícios propiciados pelo tratamento. Podemos compreender isso com a mesma facilidade com que compreendemos o efeito positivo da oração feita para um amigo que está anestesiado e sendo operado, ou da oração que fazemos para nós mesmos em momentos de mudanças importantes em nossa vida. Isso tudo pode parecer tão espantoso como uma viagem no tempo da ficção científica: o praticante pode enviar tratamento ao passado (para ajudar na recuperação de eventos traumáticos) ou ao futuro (para eventos que poderão ser desgastantes), evidentemente sem nenhuma interrupção no *continuum* do tempo.

O Reiki de cura a distância assemelha-se à oração de muitas maneiras: um breve ritual, gestos simbólicos, palavras devocionais e uma atitude de entrega à inteligência espiritual que guia nossa vida. No entanto, não é uma oração como as pessoas a entendem de modo geral; ele funciona bem quando direcionado tanto para um ateu ou para um agnóstico como para um cristão, um budista, um muçulmano ou um judeu devotos.

Como se explica que o Reiki de cura a distância se adapte tão facilmente à vida espiritual das pessoas? A base dessa adaptação encontra-se já no aprendizado do Reiki de imposição das mãos: nessa ocasião, somos lembrados de modo a jamais esquecer que estamos profundamente ligados ao Espírito. Sobre essa base podemos construir uma morada do coração que se eleva e se torna visível de muito longe, brilhando com a luz de cada janela e de cada porta, um alívio tanto para os estranhos como para os mais próximos a nós. Esse alívio é para o corpo, para a mente, para o coração e para a alma, e pode trazer o abrandamento do sofrimento, a calmaria do turbilhão mental, a alegria do amor incondicional e forte orientação interior para nós mesmos e para os que recebem o tratamento a distância, quer estejam do lado oposto da sala, ou do outro lado do oceano ou do tempo.

Entretanto, apesar do sentido sagrado que impregna a prática do Reiki a distância como a fragrância de uma bela flor, a sua execução efetiva pode parecer algo bastante comum. Muitas vezes, um tratamento a distância começa com uma chamada telefônica de um praticante a um amigo, a descoberta de que esse amigo não está bem, algumas palavras de simpatia e a percepção de que alguma coisa pode ser feita para ajudar. Em vez de apenas dizer: "Puxa, faço votos de que você se recupere", antes de desligar o telefone o praticante pode manifestar mais ânimo e esperança e acrescentar: "Vou me sentar neste mesmo instante e enviar-lhe energia de cura. Deite-se e descanse durante alguns minutos. Volto a ligar em breve." Um telefonema algumas horas ou alguns dias depois encontrará o amigo em melhores condições, o que não será surpresa para o praticante de Reiki, que conhece por experiência a eficácia do método de cura a distância.

O TRABALHO COM OS SÍMBOLOS

Imagine-se enviando uma mensagem que realmente faz o receptor sentir-se melhor. Possível? Certamente. Você envia mensagens assim todos os dias — um cartão de aniversário a um amigo, um telefonema parabenizando seu filho pela promoção que ele recebeu ou um telegrama à sua esposa para comemorar o aniversário de casamento. Agora imagine-se enviando essas mensagens sem precisar recorrer aos serviços do correio ou da companhia telefônica. Em vez de escrever a carta, endereçar e selar o envelope, e depois levá-la ao correio, o que você poderia fazer? Como poderia se comunicar com alguém que está longe? Mesmo usando o telefone, você precisa digitar diversos números ou letras que formam um código único, que é convertido de som em luz, enviado através do espaço a um satélite e devolvido à Terra, onde é transmitido, através de linhas utilitárias mais resistentes, ao telefone da pessoa com quem você quer se comunicar — tudo isso em alguns segundos apenas.

O tratamento de Reiki a distância consiste no uso de alguns símbolos para iniciar e manter uma linha de comunicação entre o praticante e o receptor-alvo da energia de cura. De modo muito semelhante a chamar alguém ao telefone, o praticante precisa pensar na pessoa que vai receber o tratamento, e como não há aparelhos físicos para manter a ligação, ele precisa pensar na pessoa com muita clareza e nitidez.

Feito isso, o praticante usa os símbolos do Reiki numa seqüência especificada por seu Mestre; esses símbolos intensificam e estabilizam a ligação etérica entre o praticante e o receptor. Em seguida o praticante adota uma posição de mãos para enviar a energia de cura, conforme as instruções do seu professor. Durante o tratamento a distância, o praticante sente o fluxo da energia circulando entre as mãos com a mesma força e sutileza sentidas durante um tratamento de imposição das mãos. O praticante pode terminar o tratamento quando sentir uma redução na intensidade do fluxo energético, sinal de que o cliente recebeu Reiki suficiente para iniciar o trabalho de cura acelerada e de nível mais profundo.

Continuando com essa analogia simples: os símbolos para o tratamento a distância, geralmente desenhados no ar, realizam uma tarefa semelhante à exercida pelas teclas de números e letras de um telefone: eles enviam um sinal energético que inicia a ligação e a mantém enquanto durar a "chamada" — o tratamento a distância. Sem dúvida, porém, os símbolos do Reiki a distância são mais exóticos do que os números e letras do telefone.

Dos três símbolos, dois são pictogramas encontrados em formas semelhantes em culturas antigas. Alguns desenhos em peças de cerâmica da Idade do Bronze Minoano e em monólitos celtas sugerem esses símbolos. O terceiro símbolo revela mais claramente sua origem oriental e é composto de cinco kanji japoneses, ideogramas complexos originariamente adotados do chinês cujo significado varia de acordo com o contexto.

As origens misteriosas dos símbolos sugerem o grande intercâmbio de influências culturais e espirituais que se desenvolveu entre a Índia e o Tibete e, mais tarde, entre o Tibete, a China e o Japão. Embora a história da redescoberta do Reiki diga que o dr. Usui estudou sânscrito para desvelar o método secreto registrado nos pergaminhos encontrados no último templo budista em que procurou, ele também poderia ter lido a escrita tibetana padrão, muito menos complexa, desenvolvida no século VII por meio desse intercâmbio.

Os três símbolos do Reiki a distância são tradicionalmente considerados sagrados. O dr. Usui compreendeu o modo de usá-los por meio da visão que ele teve no monte Kurama, quando muitas bolhas de luz iridescente, cada uma contendo um símbolo, rebentaram sobre ele e o recuperaram da fraqueza de 21 dias de jejum. Devido a esse caráter sagrado dos símbolos, seu mestre deve ter lhe pedido para não revelá-los a ninguém que não tenha concluído o curso de Reiki II, pelo menos.

Embora o impacto da tecnologia disponibilize versões dos símbolos na Internet e também em livros publicados por professores pouco ligados à tradição, é possível que você sinta remorso se não respeitar o pedido do seu professor. Compreenda também que a energia Reiki é dinamicamente viva, divinamente inteligente e promotora permanente da evolução de todos nós. Pode acontecer que dentro de um ano ou dois, talvez, seu professor perceba a importância da tradição de modo diferente e deixe de equacionar a manutenção do sigilo com a compreensão do sagrado. Eventualmente, se você quiser ensinar os símbolos a um colega praticante de nível II que não os tenha aprendido com o mesmo professor que os transmitiu a você, consulte seu professor por telefone ou volte a participar de um curso de Reiki II.

O primeiro símbolo

O primeiro símbolo é uma forma espiral desenhada de um modo específico. Esse símbolo evoca a beleza da concha do caracol e o majestoso movimento rodopiante de uma galáxia (ver figura 68). Ele lembra também o padrão visual do DNA, que contém nosso código genético, e a crista de uma onda que quebra na praia atirando na areia tudo o que o mar contém. Artefatos de culturas primitivas em todo o mundo revelam formas semelhantes em seus desenhos, um reconhecimento da geometria do poder — uma expressão do símbolo matemático pi, usado para denotar aumento e desenvolvimento exponenciais.

O praticante de Reiki sintonizado apropriadamente num curso de nível II para usar os símbolos de tratamento a distância traça o primeiro símbolo, ou símbolo do poder, para pedir um aumento do fluxo de energia Reiki para o objetivo específico pretendido pelo Reiki de imposição das mãos ou de cura a distância, ou ainda para iniciar um tratamento a distância. Por exemplo, o praticante pode desenhar um grande símbolo de poder sobre um cliente deitado em decúbito dorsal na maca, abrangendo a área desde a base do esterno até o osso pubiano, fazendo com que todas as posições do Básico I recebam uma intensificação energética. Ao usar o primeiro símbolo, o praticante repete três vezes, em silêncio, o nome japonês do símbolo, antes, durante e depois de desenhá-lo com a mão estendida.

Este símbolo pode também ser "empilhado", desenhado várias vezes, para invocar um aumento rápido e significativo do poder do Reiki para uma área do corpo que acabou de sofrer uma lesão ou um trauma e está precisando de atendimento de emergência: um praticante que se queime com o vapor da água ao preparar vegetais para o almoço pode fazer esse símbolo diversas vezes sobre a área queimada para reduzir a dor e minimizar a formação de bolhas e cicatrizes. Pode-se ainda desenhar o símbolo uma só vez ou no modo "empilhado" no autotratamento diário com a finalidade de acumular energia Reiki numa área específica do corpo, por exemplo, nas posições do Básico I ou numa posição extra sobre um tornozelo propenso a torções.

Depois de apresentar o primeiro símbolo aos alunos e de dar-lhes a oportunidade de praticar desenhando-o no papel e no ar, o Mestre de Reiki pode convidá-los a preparar as macas, formar duplas e praticar o uso do símbolo no tratamento de imposição das mãos. Assim, todos terão oportunidade de usar o símbolo em algumas, ou em todas, as posições padrão e extras adotadas no tratamento de um cliente. Esse exercício dará segurança ao praticante no que se refere ao uso do símbolo e ao conhecimento das alterações no fluxo energético que acontecem com o seu uso.

Fig. 68: *A galáxia em espiral na constelação Cães de Caça lembra ao praticante o primeiro símbolo.*　　Imagem do Observatório Lick/UCO.

O segundo símbolo

O segundo símbolo também é simples e de aparência bastante primitiva. Alguns Mestres de Reiki comparam esse pictograma a um arco e uma flecha que dispara em direção ao coração; outros o vêem como o rosto e a cabeça de um homem (ver figura 69). Essas metáforas, que refletem os diversos modos como os símbolos são traçados, indicam também os diferentes usos que Takata atribuiu a esse símbolo: estabelecer o equilíbrio mental e emocional e comunicar-se com o ser interior.

Alguns Mestres de Reiki iniciados por Takata aprenderam a usar esse símbolo nos tratamentos de imposição das mãos e de cura a distância para tratar a aura; outros para tratar os chakras; e outros ainda para atuar sobre o ser interior do cliente com o objetivo de tratar sentimentos não resolvidos e padrões de pensamento prejudiciais que contribuem para o desenvolvimento de uma enfermidade. Todos esses objetivos visam o mesmo fim: curar os estados emocionais e mentais que podem dificultar a cura completa e permanente do cliente. (Esses métodos continuam sendo ensinados pelos muitos Mestres tradicionais que "descendem" dos 22 originalmente iniciados por Takata, como também por aqueles a quem ela ensinou e que ainda estão ensinando.)

Os praticantes que aprendem o método de "comunicação de Reiki" de cura a distância são capazes de falar com o dr. Usui, com o dr. Hayashi e com a sra. Takata e de receber orientações. Infelizmente, porém, poucos Mestres ensinados por Takata aprenderam esse método, e a maioria deles o ensina somente aos seus alunos de nível III. A reverenda Beth Gray, reconhecida como clarividente antes de

Fig. 69: *As figuras entalhadas no fuste da cruz Great Urswick são uma reminiscência de algumas versões do segundo símbolo.*

Copyright do Departamento de Arqueologia da Universidade de Durham. Fotografia: T. Middlemass.

aprender Reiki, recebeu o método para transmiti-lo aos seus alunos do nível II; destes, alguns, como professores, continuam ensinando o método. Se você já é praticante de Reiki I e II e gostaria de aprender a comunicação de Reiki, entre em contato com um desses professores para receber detalhes específicos e as sintonizações necessárias para manter o desenvolvimento de habilidades de comunicação dirigidas pelo Reiki.

Um praticante de Reiki II adequadamente sintonizado pode usar o segundo símbolo em tratamentos de imposição das mãos e de cura a distância para produzir maior equilíbrio emocional e mental. Ao desenhar esse símbolo com a mão aberta, o praticante usa uma seqüência específica de movimentos e diz o nome japonês do símbolo três vezes. O segundo símbolo pode ser usado depois do primeiro, sobre o corpo do cliente, para atrair mais cura para as camadas emocional e mental do campo energético ao redor do corpo (a aura), como também para o corpo físico. Esse símbolo também pode ser usado ao término do tratamento de um cliente para equilibrar um centro de energia específico (ou chakra), como o do coração.

Para isso, o praticante posiciona-se ao lado da maca, põe uma das mãos debaixo das costas do cliente, no nível do coração, e com a outra mão desenha o segundo símbolo alguns centímetros acima do coração. Em seguida, o praticante procura ouvir suas mãos para sentir o fluxo de energia ligar-se, estabilizar-se e então dispersar-se, antes de passar a outra posição ou de terminar o tratamento.

Em geral, esse símbolo não é "empilhado". É suficiente desenhá-lo uma vez para pedir que a energia Reiki promova a cura emocional e mental. O símbolo também pode ser usado no autotratamento com imposição das mãos do modo como foi descrito acima para concentrar a energia de cura nos sentimentos e pensamentos que estão provocando *stress*, doença ou enfermidade. Esse é um modo muito eficaz de prevenir a recaída de um resfriado ou de uma doença mais grave. Esse símbolo ajuda ainda a liberar pouco a pouco a pessoa dos padrões negativos de crenças e de expectativas que às vezes acompanham enfermidades crônicas, padrões esses que impedem uma recuperação total.

Depois de exercitar o traçado do segundo símbolo, os alunos voltam às macas, aos pares, para praticar o seu uso com imposição das mãos nos modos descritos acima, ou de outros modos que sirvam à mesma finalidade: restauração da clareza, da saúde e do equilíbrio emocional e mental. Os praticantes gostam de passar pela experiência de sentir por si mesmos a mudança sutil que o uso desse símbolo causa à energia Reiki.

O terceiro símbolo

O terceiro símbolo parece japonês ou chinês, e na verdade é. Composto de cinco kanji separados, os caracteres ideográficos complexos dessa frase se combinam para criar vários sentidos muito bonitos. Sua tradução mais comum, porém, é: "O Deus que está em mim saúda o Deus que está em ti." Usamos esse símbolo para estabelecer a ligação necessária para que o Reiki a distância opere.

Ao aplicar o terceiro símbolo, o praticante realiza os movimentos que desenham o kanji (que variam de vinte a 24) com a mão aberta, numa seqüência específica e pronunciando três vezes o nome japonês do símbolo. Embora em seu livro *Essential Reiki*, a Mestra de Reiki não tradicional Diane Stern diga que usa esse símbolo durante o tratamento de imposição das mãos para reescrever eventos traumáticos do passado, as pesquisas que realizei até agora sobre métodos tradicionais não conferem ao símbolo esse poder. Para os Mestres de Reiki tradicional, esse terceiro símbolo é usado exclusivamente para a cura a distância. Por isso, durante o curso, não são feitos exercícios de maca para praticá-lo; mas, dada a sua complexidade, o treinamento do seu desenho em papel pode levar uma hora ou mais.

Quando aprendi Reiki II, em 1987, os alunos praticavam o desenho dos três símbolos gastando uma hora para cada um; no final do curso, os borrões dos exercícios eram recolhidos (e posteriormente destruídos), como minha professora havia prometido a Takata.

Por isso era muito importante memorizar perfeitamente os símbolos ainda durante o curso. Hoje, muitos Mestres tradicionais deixam os alunos levarem para casa os seus desenhos. Às vezes eles pedem aos alunos que destruam os borrões depois de adquirir segurança no traçado; outras vezes, sugerem que os alunos conservem os desenhos num arquivo pessoal ou numa gaveta para possíveis referências. Essa solução é melhor do que lembrar os símbolos recorrendo a desenhos disponíveis ao público, que podem não ser necessariamente os mesmos que os alunos aprenderam com o professor.

Em geral, logo depois de apresentar os três símbolos de cura a distância, o Mestre de Reiki sintoniza os alunos com a primeira das duas sintonizações idênticas do nível II. Diz-se que essas sintonizações são de força dupla porque a capacidade do praticante de canalizar a energia de cura "aumenta cem por cento".

Embora a capacidade do praticante de canalizar a energia de cura aumente inequivocamente e essa canalização se faça com muito maior sensibilidade às incontáveis formas de expressão da energia, o acesso a uma fonte infinita de energia de cura é exatamente isso. A quantidade efetiva de energia disponível que pode fluir pelas mãos do praticante não se altera: o que está disponível é o que há! O que muda, porém, é a capacidade do praticante de ter acesso consciente à energia. Essa capacidade se expande de um modo muito importante: agora o praticante está em condições de fazer a ligação "mãos postas, Reiki ativado", que inicia o fluxo da energia de cura quando o cliente não está fisicamente presente. O praticante faz isso pensando na pessoa, pedindo a ela que se faça presente de coração e espírito por meio do uso dos símbolos do tratamento a distância e oferecendo-lhe a cura do Reiki para o seu próprio bem e para o bem de todos os envolvidos. Essa seqüência garante que o receptor da energia tenha condições de aceitar ou rejeitar livremente as propriedades de cura da energia conforme as considere apropriadas.

Depois de aprender os três símbolos de cura a distância, exercitar o uso do primeiro e do segundo símbolos sobre um cliente na maca e receber a capacitação com a primeira sintonização do nível II, você provavelmente será dispensado da primeira sessão do curso com duas tarefas: trabalhar consigo mesmo, assimilando os símbolos conforme lhe foram ensinados, até adormecer; e praticar o desenho dos símbolos, tanto no papel como no ar.

Na sessão seguinte do curso, depois de tomarem uma xícara de chá de ervas e de ocupar seus lugares, os alunos têm oportunidade de relatar os resultados do autotratamento com os símbolos. Embora um aumento perceptível de energia possa surpreender alguns, os efeitos suaves e benéficos do Reiki já serão bastante conhecidos, de modo que essa parte do curso pode ser breve.

Depois disso, em geral o Mestre de Reiki destina algum tempo para perguntas e respostas, tanto para rever o conteúdo anterior e esclarecer alguns aspectos conceituais como para dar uma visão geral do programa a ser trabalhado: apresentação e prática do método de cura a distância.

Intencionalmente, Takata ensinou muitos métodos diferentes de cura a distância, e pediu aos que ensinou que mantivessem os símbolos e métodos em sigilo. Nos últimos anos, gerações mais recentes de Mestres e praticantes de Reiki, não comprometidos com esse voto, começaram a discutir abertamente essas diferenças, e como conseqüência, depois de muita confusão, contestação e debate, tiveram de renunciar a qualquer pretensão de monopólio do método "certo" de aplicar Reiki.

Entretanto, enquanto nossa mente se esforça para achar sentido no que Takata deixou, nossas mãos continuam o trabalho de cura. Aqui, com as mãos sobre o cliente, conhecemos a verdade essencial que Takata queria que abraçássemos: a própria energia é o verdadeiro professor e o verdadeiro agente de cura. Takata não podia fazer a energia agir de um modo ou de outro mais do que nós podemos. Ela simplesmente sabia, como nós podemos saber agora, que a energia realiza seu trabalho *sempre*.

Takata ensinou pelo menos sete diferentes métodos de cura a distância para seus alunos de nível II (e para os 22 Mestres de Reiki que ela iniciou e que posteriormente viajaram pelo mundo inteiro ensinando Reiki no estilo "a variedade é o tempero da vida", como haviam sido ensinados). Todos os métodos implicam pensar na pessoa necessitada de tratamento, oferecer a cura do Reiki para ser usada para o bem maior, com a autorização da pessoa receptora, e usar os símbolos do Reiki a distância para ativar o fluxo de energia de cura. Os mesmos métodos podem também ser usados para oferecer a cura a animais de estimação, lugares, famílias, organizações e assim por diante.

Todos os métodos ensinados por Takata funcionam; cada um tem suas vantagens e desvantagens. Alguns métodos dirigem a energia de cura à pessoa inteira, e assim um tratamento a distância completo pode ser rápido — em geral leva quinze minutos ou menos. Esses métodos tratam todos os níveis do ser, até mesmo as camadas da aura. A desvantagem deles é que pode ser difícil obter impressões precisas sobre mudanças na condição do cliente. Outros métodos dirigem a energia para o cliente com a aplicação de uma posição de mãos por vez, como se o cliente estivesse numa maca — exigindo o mesmo tempo de aplicação. Esses métodos dão condições ao praticante de acompanhar mudanças e melhoras na condição do cliente com muita precisão.

À medida que praticantes — e Mestres — de Reiki começam a analisar as diferenças de sua prática mais abertamente, com amor e confiança na energia como professor e num espírito de amizade por outros envolvidos no mesmo trabalho, a cura acontece no interior dos indivíduos e no interior das comunidades, pequenas, grandes e tão vastas como o próprio mundo.

PRÁTICA: AUTOTRATAMENTO E TRATAMENTO DO CLIENTE

Como o valor do Reiki é mais bem compreendido através da experiência, a maioria dos Mestres de Reiki tradicional exige que seus alunos de nível II pratiquem a cura a distância várias vezes sob supervisão. Conseqüentemente, o Mestre pode pedir ao aluno que pratique inicialmente em si mesmo e em seguida num colega ou em alguém desconhecido.

Quando ensino o método de cura a distância, peço a meus alunos que trabalhem em si mesmos, e depois (com a ajuda de uma fotografia, um quadro, etc.) em algum doente que não conheçam. Como um tratamento completo com esse método requer o mesmo tempo que o autotratamento ou o tratamento de um cliente por imposição das mãos completo, reservo de uma hora e meia a duas horas para cada uma dessas sessões de prática. Terminado o treinamento, sempre debatemos sobre o método e sobre o significado das impressões recebidas; é nessa ocasião também que os alunos que intercambiaram fotografias podem trocar idéias sobre a experiência específica que cada um teve com o tratamento a distância. Em geral o aluno se surpreende bastante com a precisão de suas mãos de Reiki aplicadas na cura a distância, mesmo levando em conta a experiência com o Reiki de imposição das mãos.

Essas sessões práticas são essenciais para que o aluno compreenda que suas mãos funcionam com a mesma energia tanto num tratamento a distância como num tratamento com a presença física do cliente. Além disso, até certo ponto, esses exercícios eliminam a surpresa que acompanha a percepção do corpo físico do cliente: respiração, batimento cardíaco, pulsação. Quando o aluno descobre que os demais colegas têm as mesmas sensações, ele supera mais facilmente o espanto e concentra-se simplesmente em enviar a cura.

Esse é também o momento de reforçar a importância de tomar notas para registrar o progresso de um cliente durante a sessão de Reiki a distância, embora isso implique usar posições de mãos diferentes das posições padrão. Os registros das necessidades de energia do corpo serão mais precisos se forem feitos à medida que as impressões ocorrerem — às vezes essas impressões são tão fugazes que podemos esquecê-las até o final da sessão. Os que se sentem pouco à vontade com caneta e papel podem usar um gravador.

As observações podem ser mínimas e ainda assim serão muito úteis, como mostram as anotações de um tratamento a distância que apliquei em mim mesma:

Básico I
9h32 Posição 1: Ligeiramente quente, formigamento, mais na direita. Alergias sazonais começando?
9h34 Posição 2: Mais quente.
9h35 Posição 3: Quente moderado subindo ao rosto. Sensação de espinhos. Mão comichando sobre o lado direito.
9h40 Posição 4: Muito quente, mais atração na direita.
9h41 Abdominal extra: Quente. Sensação de espinhos, principalmente na posição inferior.
9h43 **T** inferior: leve formigamento.
9h45 **T** superior: quente, leve formigamento.

9h46   Coração: atração média, quente. Sensação de espinhos. Novamente, impressão de alergias.

Básico II
9h47   Posição 1: Impressão de que as alergias podem ser tratadas com vitamina C e ácido pantotênico. Mais atração sobre o lado esquerdo.
9h52   Posição 2: Mão direita apenas. Esquerda ainda na posição 1.
9h55   Posição 2: Assumida também pela mão esquerda.
9h56   Posição 3: Quase sem atração.
9h57   Posição 4: Atração média, com sensação de espinhos.

Básico III
9h58   Posição 1: Atração moderada.
10h01 Posição 2: Atração moderada.
10h04 Posição 3: Mais no lado esquerdo.
10h05 Posição 4: Quente sobre os rins. Tomar mais água.
10h07 Posição 5: Mais no lado esquerdo.
10h08 Posição 6: Gostaria de fazer uma caminhada hoje.
10h10 T: Quente sobre o cóccix.
10h12 Mãos afastadas.

Embora as impressões intuitivas que acompanharam as posições de mãos nesse tratamento tenham sido poucas, elas foram suficientes para me levar a acrescentar vitamina C ao meu suco matinal naquele dia, uma pequena preparação para combater alergias sazonais. As observações também mostram que estou em boas condições de saúde: nenhuma posição atrai energia durante muito tempo (resultado de muitos tratamentos de Reiki) nem fica "quente", menos os rins (propensos a infecções desde que nasci). Os registros de muitos tratamentos a distância, com a anotação das sensações e impressões vivenciadas, podem formar um relatório do progresso do praticante — ou do cliente — em direção ao bem-estar e à saúde.

As anotações podem ser compartilhadas com o cliente, mas de resto devem ser confidenciais. Se as impressões registradas acima tivessem ocorrido durante o tratamento de um cliente, eu teria feito os comentários verbalmente, transformando as impressões em sugestões; alternativamente, eu faria uma cópia escrita das observações para o cliente, com o cuidado de escrever frases e perguntas claras e completas. Por exemplo: "As alergias podem ser tratadas com vitamina C e ácido pantotênico" poderia receber a versão: "Pense na possibilidade de tomar um complexo de vitamina B e um suplemento de vitamina C antes que as alergias comecem a se manifestar. Essa medida poderia ser muito proveitosa."

Esgotado o tempo em que os alunos puderam compartilhar histórias de Reiki, fazer perguntas e aplicar o primeiro tratamento a distância, eles recebem a segunda e última sintonização do curso de Reiki II. Com essa sintonização, eles são capacitados a perceber mais intuitivamente e tomar consciência de sensações muito mais sutis do fluxo de energia que circula por suas mãos. Além de sentirem com mais presteza a ligação energética do tratamento de cura a distância, também passam a ter mais conhecimento dos campos energéticos que envolvem o corpo. Eles podem esquadrinhar a aura e os chakras — embora talvez não conheçam as camadas da aura ou a localização dos chakras — e perceber o que está em equilíbrio ou fora de equilíbrio simplesmente ouvindo as mãos. Nos pontos onde a energia Reiki exerce atração intensa, suas mãos ficam suspensas, enviando cura à mente, ao coração, ao corpo e ao espírito. Quando o fluxo diminui de intensidade, eles sabem (pela experiência de imposição das mãos) deslocar as mãos para outra área que precisa de tratamento. Esse é um dos modos como o remédio da energia Reiki cura todos os níveis do ser.

MAIS PRÁTICA: MESTRES DO PASSADO

Embora nem todos os mestres de Reiki tradicional ensinem o método de cura a distância com comunicação (como o que foi ensinado por Takata à reverenda Beth Gray e a alguns outros), eu me sinto abençoada por poder passar adiante esse maravilhoso recurso a meus alunos para ajudar na cura completa e permanente e para tornar disponíveis as orientações do dr. Usui, do dr. Hayashi e de Hawayo Takata referentes a qualquer pergunta sobre Reiki. Por isso, perto do final do curso peço aos alunos que enviem cura a distância, com o método que acabaram de aprender, para um desses mestres de Reiki do passado. Sempre incentivo meus alunos a realizar essa prática por iniciativa própria com freqüência, nas ocasiões em que precisam de orientação clara e de contato com a sabedoria.

O que segue é a transcrição de uma de minhas sessões de cura a distância com Takata (em 6/3/97), usando o método de comunicação de Reiki ensinado por ela. A sessão começou com um pedido para aprender mais sobre o uso do Reiki para tratar a aura.[1] Foi como ouvir e falar com Takata em pessoa.

Takata: *"É impossível descrever a aura adequadamente. O que os seres humanos percebem dela em cor e luz é a mera sugestão de sua natureza. Ela é tão comple-*

xa quanto o cérebro ou o corpo físico humano. Tem caminhos sutis como as ligações neurais no cérebro e as vias nervosas no corpo.

"Ela é o Ser e também a personalidade — a relação da consciência divina com a consciência humana expressa numa forma subfísica, não, suprafísica. A força transcendente da energia Reiki vitaliza e também restabelece a saúde da aura.

"A percepção humana — percepção consciente — é freqüentemente limitada, e quando ela atola nas sensações do sofrimento físico, é difícil transmutar a energia vital contraída e reconcentrar a atenção na saúde maior sempre presente, mas é isso que acontece quando o trabalho de tratamento de Reiki é focalizado nas camadas ou níveis áuricos.

"A aura tem muito mais capacidade de dispersar e dissolver a idéia de um processo doentio do que o sistema linfático, digamos, ou do que o baço. Mas para a remoção fácil de sintomas crônicos é necessário tratamento em ambas as camadas — imposição das mãos sobre o corpo físico e imposição das mãos sobre o corpo energético; de outro modo a recorrência pode acontecer, e de fato acontece com freqüência. Isso não é falha do praticante, que é orientado a tratar, por imposição das mãos, sintomas físicos, mas é algo que, tendo aprendido por experiência, você precisa partilhar.

"Do mesmo modo que o corpo conserva a lembrança de um trauma físico, um acidente ou uma doença em cada célula afetada e também no cérebro, assim o corpo energético guarda a lembrança de um pensamento que se manifestou como dor física em suas muitas partes componentes. Então a idéia de doença pode precipitar-se — ou pode ocorrer a recaída — novamente. É por isso que pode ser difícil tratar uma doença crônica até a recuperação completa.

"Distinguir uma camada da aura de outra é irrelevante. Distinguir um chakra de outro é irrelevante. Esses são paradigmas — modelos descritivos dos sistemas do corpo energético. E são apenas dois dentre muitos.

"O que importa para um praticante de Reiki não é ser capaz de ver a aura ou suas cores ou os chakras e suas cores e os símbolos com eles relacionados. O que importa é ser capaz de ouvir com as mãos. Não há necessidade de direção e raramente a energia Reiki tomará uma direção quando é realizado o trabalho áurico, pois ela conhece a complexidade do corpo energético perfeitamente bem e muito melhor do que a humanidade conseguiu compreender até agora. Apenas deixe as mãos se moverem sobre o corpo energético, sentindo áreas de intenso aquecimento ou de outra atividade, detenha-se nesses pontos até que o fluxo se normalize e depois diminua. Como você sentiu a noite passada, o corpo energético recebe e distribui a energia Reiki com graça e facilidade, e a dor diminui, porque agora não é só a manifestação da dor que está sendo curada: estão sendo curados também o pensamento da dor, o sentimento da dor, a crença na dor e as atitudes que originariamente atraíram a dor. À medida que esses componentes ficam curados, a cura física acelera-se ainda mais.

"As posições das mãos não são importantes. Aplique um tratamento completo antes, e, onde algum sintoma persistir, esquadrinhe a área para sentir o ponto quente e com atividade energética e trabalhe nesse local até que a energia se disperse e a dor passe. Esse ponto [de dor] é um elo de fraqueza na aura. É como trabalhar sobre um chakra, com a diferença apenas de que um chakra é um centro de energia permanente. O revestimento áurico de um ponto de dor é um centro de energia temporário — bloqueado, constrito, lesado, debilitado — e necessitado de energia Reiki. Ele é um centro a que o praticante deve dar atenção — como uma bandagem."

Autora: "Faria sentido tratar os chakras depois de um tratamento completo de imposição das mãos?"

T.: "Faça isso de vez em quando. Faz muito sentido.

"Entenda que, para a maioria das doenças físicas, o melhor tratamento é o de imposição das mãos, pois a condição é aguda. É só quando alguma coisa é grave, crônica ou terminal, ou de possível recorrência, que a cura áurica adquire a mesma importância."

A.: "Como tratar alguém que está infeliz?"

T.: "O que você acha? Para começar, trate a aura sobre o coração e sobre a mente; no mais, ouça suas mãos."

Embora essa transcrição pareça um diálogo com uma professora, muitas anotações de comunicação de Reiki são relativamente difíceis de compreender. A energia pode usar qualquer um dos nossos sentidos internos para nos informar sobre a cura que precisamos para ajudar nosso cliente ou a nós mesmos. Isso significa que podemos receber a informação em palavras — ouvidas, como se ditas em voz alta, ou vistas, como se fossem lidas — ou como música, imagens visuais, odores, sabores, sensações táteis, sentimentos e como uma espécie de "saber" indefinido. Aprender a sentir essas inúmeras formas de impressão, percebê-las sem projetar emoções ou interpretações, pedir o necessário esclarecimento e oferecê-las a um cliente com a intenção de que lhe sejam benéficas exige muita prática com esse método de cura a distância e com a comunicação dessas impressões. Por isso, não é surpresa que muitos praticantes que procuram um curso de Reiki II que ofereça esse método em geral já tenham adquirido algumas habilidades de aconselhamento, pois essa ciência e arte sempre necessita de muita sensibilidade.

MAIS PRÁTICA: A CURA DO MUNDO

Em 1985, quando perguntei a minha professora de Reiki II se a cura a distância pode ser enviada a todo o mundo, ela hesitou por uns instantes, e então me aconselhou a não fazê-lo. Seis meses depois, durante um curso de nível II de que eu participava como assistente, outro aluno fez a mesma pergunta, e ela respondeu que não via por que isso não podia ser feito.

Como todo o planeta precisa de cura, apresento a meus alunos, para prática durante o curso, um segundo método de cura a distância. Aprendi esse método depois de tornar-me professora. Comparado com o método de cura a distância que aprendi inicialmente, esse método é muito eficiente; um tratamento geralmente demora apenas dez ou quinze minutos. Por ser prático, muitos praticantes o realizam todos os dias.

O método é o seguinte:

1. Levante as mãos à frente, no nível dos olhos ou do peito, conforme preferir, palmas voltadas uma para a outra e afastadas uns vinte centímetros (ver figura 70).
2. Pense na Terra, vendo-a entre suas mãos. Nomeie a Terra inteira ou a parte dela à qual você quer enviar energia.
3. Ofereça a cura do Reiki.
4. Reconheça a existência do livre-arbítrio e de um propósito mais alto que diz algo assim: "Você é livre para aceitar ou rejeitar esta cura para o bem maior de todos os envolvidos."
5. Desenhe os símbolos do Reiki para a cura a distância. Você pode adotar a seqüência 1-3, 1-3-1 ou 1-3-2-1, conforme sua preferência e de acordo com o que lhe foi ensinado. Em seguida, reponha a mão com que você traçou os símbolos em sua posição original.
6. Ouça a energia entre as mãos e deixe que a cura aconteça.
7. Quando você sentir que o fluxo da energia começa a diminuir, termi-

Figura 70

ne a sessão de cura a distância com uma expressão de agradecimento ou com uma oração de bênção; em seguida desfaça a ligação soprando no espaço entre as mãos, batendo palmas ou esfregando as mãos.

Você pode adaptar esse método para enviar energia para situações políticas específicas, para comunidades afetadas por calamidades naturais, pela fome ou pela doença, ou para desastres ecológicos, como um derramamento de óleo no mar. (Eu geralmente envio cura à "biosfera do planeta Terra", mas às vezes os alunos preferem tratar a floresta amazônica, as águas costeiras do Alasca ou a paz no Oriente Médio.)

Nos dias em que você realizar essa prática simples, a Terra e todas as pessoas que você encontrar poderão parecer-lhe mais belas, mais pacíficas, mais bondosas. Como acontece sempre com a energia Reiki, os benefícios de um tratamento chegam tanto ao receptor-alvo como ao praticante.

Se você ainda não fez o curso de Reiki II, mas gostaria de enviar energia de cura ao mundo, siga os seguintes passos:

1. Levante as mãos à frente, no nível dos olhos ou do peito, conforme preferir, palmas voltadas uma para a outra e afastadas uns vinte centímetros (ver figura 70).
2. Pense na Terra, vendo-a entre suas mãos. Nomeie a Terra inteira ou a parte dela à qual você quer enviar energia.
3. Faça uma oração para a cura da Terra.
4. Imagine luz branca descendo do alto sobre você, passando por seu coração e chegando em suas mãos.
5. Sinta o mais profundamente possível seu amor por este planeta, que é sua casa, e deixe que a energia desse amor flua através de seu coração e de suas mãos.
6. Dê algum tempo à cura. Se você perceber alguma sensação física acompanhando o fluxo de energia, espere até que ela diminua de intensidade ou pare; ou então trabalhe intuitivamente, mantendo a posição das mãos pelo tempo que lhe parecer adequado.
7. Termine com uma expressão de agradecimento, sacuda as mãos e confie que a Terra receberá a cura que você ofereceu.

CERTIFICAÇÃO DE REIKI NÍVEL II

É estimulante e prazeroso aprender cura a distância num curso de Reiki nível II tradicional. Subitamente, fronteiras de tempo e espaço se revelam transparentes. Como o Reiki também pode ser enviado ao passado, a eventos traumáticos que deixaram cicatrizes, muitos praticantes descobrem que agora é possível acontecer uma cura mais profunda do que outras curas anteriores. Como o Reiki também pode ser enviado para o futuro, para situações que serão talvez desgastantes, o praticante pode ficar mais sossegado com a perspectiva de um desdobramento positivo do caso. E saber que a cura pode ser enviada a alguém que dela necessita, mas que está longe, simplesmente alegra o coração.

A conclusão do curso de nível II, à semelhança do encerramento do nível I, é assinalada por uma cerimônia, um certificado, momentos de congratulações e às vezes uma fotografia de rostos sorridentes. Esse, porém, não é um término de fato, mas uma continuação do caminho já iniciado; o que se celebra não é o fim, mas o início de um novo nível de consciência e de um comprometimento mais profundo com o serviço e com o desenvolvimento pessoal através do Reiki.

11

Além do Curso de Reiki II

Embora o Mestre de Reiki talvez deixe de ver os alunos do nível II durante meses ou quem sabe anos depois do curso, mesmo assim ele pode atribuir-lhes uma tarefa: trinta dias consecutivos de cura a distância. Essa é uma maneira de garantir que os símbolos, memorizados durante o curso, continuem na memória. (Mesmo que o professor tenha permitido aos alunos anotar os símbolos, nem sempre as anotações estarão à mão; é preciso saber os símbolos de cor para que a mão os desenhe com agilidade.)

Essa é também uma forma de fazer com que o aluno tome consciência das muitas oportunidades para a cura com o Reiki que agora se apresentam: a prima que ele não vê desde os doze anos; sua professora aposentada do primeiro grau; o sem-teto que cruza por ele a caminho do ponto de ônibus; o melhor amigo, que não quer saber de falar em Reiki; o cachorro, que precisa ser levado ao veterinário para tratar uma tosse feia; a vítima de acidente dada como "hospitalizada e em estado crítico" no noticiário da noite; a criança desaparecida cuja fotografia está impressa na caixa de leite; as flores colhidas que ele gostaria que tivessem se conservado durante todo o fim de semana; a atmosfera de "crise administrativa" na empresa. Essas são algumas das incontáveis situações as quais ele poderá enviar a cura com o Reiki.

À medida que o aluno vai adquirindo experiência, pode fazer alguns ensaios. Ele consegue enviar cura a distância durante o sono? Pode ajudar a polícia a encontrar a criança desaparecida? Consegue carregar um cristal purificado com energia Reiki para manter a cura? Consegue usar o Reiki para ajudar a si mesmo a mudar um mau hábito, como fumar, a realizar um sonho ou a alcançar um objetivo?

Alguns professores falam sobre essas possibilidades durante o curso de Reiki II, mas a maioria se dedica inteiramente ao ensino/aprendizado e prática dos símbolos de cura a distância e ao uso desses símbolos na aplicação de Reiki por imposição das mãos e de cura a distância. Considerando o tempo habitualmente destinado a um curso de nível II, tudo isso é muita coisa. A esperança do professor é que a própria energia continue ensinando o praticante durante muito tempo após o término do curso.

ACRESCENTANDO REIKI II À PRÁTICA PROFISSIONAL

Terapeutas corporais e massagistas que oferecem Reiki como uma das modalidades de sua prática muitas vezes querem saber como introduzir os símbolos de cura a distância para reforçar o trabalho de imposição das mãos. Em geral, a melhor maneira de fazer isso é consultar o próprio cliente. Se ele pediu especificamente Reiki e o praticante explicar que acabou de aprender algumas técnicas avançadas que aumentam o fluxo de energia, é possível que o cliente fique bastante ansioso para experimentar os efeitos dessas técnicas. (Mas se ele não pedir Reiki ou não demonstrar abertura para tentar essa modalidade, não o pressione para obter sua autorização; apenas faça o que for da preferência dele.)

Se o cliente pedir Reiki e o trabalho na maca começar em decúbito ventral, o praticante pode desenhar o primeiro símbolo nas costas para aumentar a energia que o cliente recebe nessa área; o praticante pode traçar o mesmo símbolo quando o cliente, relaxado e mantendo os olhos fechados, passa à posição de decúbito dorsal.

Em sua grande maioria, os clientes têm uma certa sensação de que o praticante faz um movimento com a mão no ar sobre eles. Se o cliente conhecer o método do toque terapêutico de alisamento da aura, é possível que ele não faça nenhuma pergunta. No entanto, se ele se mostrar inquieto, é recomendável adotar apenas o Reiki de imposição das mãos.

Como os terapeutas corporais e massagistas que oferecem Reiki relacionam essa técnica entre as modalidades que oferecem, eles não precisam fazer nenhuma alteração no cartão de apresentação pessoal; também não há motivo para indicar sua certificação em Reiki I e Reiki II. Alguém que conheça Reiki talvez se interesse por esses detalhes, mas, para a comunidade na qual o praticante trabalha, uma apresentação com a palavra *Reiki* é suficiente.

Um praticante que se dedique exclusivamente à prática do Reiki de imposição das mãos talvez queira indicar num cartão de apresentação ou num prospecto sua habilitação em curso avançado. Entretanto, é possível que as pessoas não se disponham a pagar por um tratamento a distância para si mesmas ou para outros o mesmo valor que pagam por um tratamento de imposição das mãos. Dependendo de quanto tempo o praticante dedica a um tratamento a distância, ele pode cobrar o mesmo valor cobrado por um tratamento de imposição das mãos (comparável ao preço médio de uma sessão de massagem em sua cidade), ou reduzir o valor proporcionalmente para refletir um investimento menor do seu tempo. Além disso, embora muitos profissionais de Reiki cobrem tanto quanto um massagista por meia hora ou hora inteira de tratamento de imposição das mãos, às vezes eles podem fazer tratamento a distância sem cobrar nada, uma vez que pedidos nesse sentido geralmente são casuais:

"Minha cunhada vai ser operada hoje à tarde. Você poderia enviar-lhe alguma energia?"

"Acabei de saber que meu marido escorregou na calçada a caminho do trabalho e está no hospital para examinar o tornozelo. Você poderia enviar-lhe Reiki?"

Embora seja bonito dizer: "Sim, naturalmente, com o maior prazer", os praticantes que transformam isso num hábito geralmente acabam tendo uma longa lista de clientes. Se eles se sentem à vontade com os compromissos assumidos e conseguem oferecer tratamento a todos aqueles a quem prometem, então se sentirão bem com relação ao que fazem. Se, porém, se sentirem sobrecarregados com a quantidade de pedidos que recebem, devem pensar na possibilidade de dizer, com compaixão, mas claramente: "Não, não tenho condições de fazer isso hoje." E podem acrescentar: "Talvez esteja na hora de você mesmo pensar em aprender Reiki."

A DECISÃO DE ENSINAR: REIKI NÍVEL III

O compromisso com o ensino de Reiki pode nascer do desejo de aumentar o número de mãos de Reiki no mundo. Às vezes o praticante profissional não consegue atender aos inúmeros pedidos de tratamento por imposição das mãos ou a distância, e essa frustração se traduz numa percepção intensificada daquela necessidade. Outras vezes o praticante alimenta o sonho de ensinar desde que ouviu a palavra Reiki pela primeira vez. Qualquer que seja o nível de preparação, o que se espera de um praticante que pensa em se tornar mestre de Reiki tradicional é que ele ensine Reiki, e não que apenas trate com Reiki.

A opção de alguns é continuar sua bem-sucedida carreira atual e ensinar apenas um ou dois alunos por vez, conforme a necessidade ou a solicitação; mas a maioria dos que treinam para ensinar descobre que o Reiki se transforma num ponto importante de sua vida. Alguns trabalharão exclusivamente ministrando cursos de Reiki e aplicando tratamentos, enquanto outros dedicarão meio período ao ensino de Reiki e meio período à atividade ou profissão que abraçaram — programadores, professores de jardim-de-infância, arquitetos, paisagistas e assim por diante. Com esse esquema, podem prover o sustento de si mesmos e de suas famílias e ao mesmo tempo continuar a prática de Reiki; podem ainda alimentar sua expressão criativa e temperar a satisfação espiritual de ensinar Reiki com outras formas de envolvimento comunitário construtivo.

A ESCOLHA DE UM MESTRE DE REIKI PARA O NÍVEL III

Tradicionalmente, o curso de mestrado em Reiki é feito a convite de um Mestre de Reiki. Hoje em dia, porém, muitos Mestres estão à disposição do praticante de nível II que esteja motivado a continuar seu trabalho com Reiki, mesmo que ainda não se sinta preparado para assumir o ensino. Uma análise minuciosa da disponibilidade do professor de ministrar um curso de mestrado, dos pré-requisitos, do conteúdo do curso e de outros detalhes possibilitará ao praticante chegar a uma conclusão se o professor e o programa que ele procura são adequados para ele ou não.

O conteúdo do curso de mestrado, a sintonização de nível III e o ensino do ritual de iniciação são de competência do Mestre de Reiki; mas antes que essa autonomia seja conquistada, os Mestres tradicionais em geral pedem a seus alunos de nível III que fiquem estudando com eles durante aproximadamente um ano. Essa medida dá ao aluno a oportunidade de participar de diversos cursos de nível I e nível II e de assumir uma função gradativamente mais ativa; o Mestre de Reiki, por sua vez, pode mais facilmente acompanhar os primeiros cursos ministrados pelo aluno, observando silenciosamente e comentando posteriormente detalhes da apresentação.

Praticantes com pouca experiência e também com experiência de vários anos procuram informações sobre o curso de Reiki III. Tradicionalmente, o que se exige é experiência e compromisso com o ensino de Reiki. Minha professora, ensinada por Takata, exigia que o praticante que quisesse estudar o nível III com ela tivesse pelo menos cinco anos de prática profissional exclusivamente de Reiki.

Minhas exigências são menos rígidas: peço cem horas de prática profissional, anotações de cem sessões de cura a distância com comunicação de Reiki, e participação como assistente em três cursos de nível I e três de nível II. Penso que essas exigências deterão somente aqueles cujo comprometimento com o Reiki não é tão profundo nem tão sincero. Não estou interessada em ter como aluno ninguém que esteja à procura de gratificação imediata, de uma carreira lucrativa da noite para o dia ou que esteja "tentando" ensinar Reiki.

Professores menos tradicionais ensinam Reiki III num seminário de fim de semana. Compreendo que a tentação de participar de cursos como esses é forte e que aqueles que se dispõem a freqüentá-los o fazem com a melhor das intenções; particularmente, porém, não me sinto inclinada a rabiscar às pressas o plano para um curso de dois dias para aproveitar essa tendência. Sei que o Reiki está comigo para o resto da vida. Sei também que cada experiência que tenho com a energia Reiki é de crescimento, e compreendo que o processo de ensino envolve não somente a transmissão de conhecimento conceitual, mas também um intercâmbio energético. Embora isso aconteça realmente durante os dois ou três dias dos cursos de nível I e nível II, a sintonização de nível III é uma iniciação a uma sensibilidade muito mais profunda à energia e a uma valorização dos seus efeitos de cura. É no decorrer do aprendizado que a energia "nos visita" de forma extraordinariamente intensa e amorosa toda vez que professor e alunos se encontram para praticar e debater. É isso que desejo que meus alunos de nível III vivenciem: a presença da energia. Desse modo eles serão transformados em Mestres de Reiki que são ainda, na verdade, alunos da energia, que ainda aprendem suas próprias lições o tempo todo, mas são capazes de ensinar o que sabem porque sentem a presença da energia Reiki e porque sabem que ela é o verdadeiro professor.

O PAPEL DO ASSISTENTE NUM CURSO DE NÍVEL II

A maioria dos praticantes não alimenta o desejo de tornar-se Mestre de Reiki, mas muitos gostam de aproveitar a oportunidade de participar como assistentes de cursos de nível I e nível II sempre que é possível. Esse é um modo excelente de recarregar as mãos com energia Reiki e também de rever os símbolos e o método de cura a distância, aprender novos usos para a cura a distância e obter respostas para perguntas feitas em particular ou em público, quando podem acender a discussão e ajudar também outros praticantes.

Em geral, não há cobrança pela participação num curso de nível II quando o praticante já é habilitado nesse nível; a maioria dos praticantes se oferece espontaneamente para partilhar histórias de Reiki, ajudando os alunos com as posições de mãos e respondendo a perguntas. Sua presença, seu coração e suas mãos, fluindo com a energia Reiki, ajudam a iluminar a sala de aula com amor. Isso faz da participação como assistente num curso de nível II um evento de muita alegria e uma excelente oportunidade para praticantes e professor manterem contato.

12

Reflexões: Reiki Ilimitado, Aprendizado Ilimitado

A obra e os ensinamentos de Mikao Usui, Chujiro Hayashi e Hawayo Takata mudaram a consciência deste mundo para sempre. Os milagres de cura não são mais tão raros. Ninguém mais precisa sentir que não pode fazer outra coisa senão rezar ao lado da cabeceira de uma pessoa amada doente ou agonizante. E também não há mais necessidade de ver a morte armada com o mesmo aguilhão de décadas atrás, no início do século. A fronteira que parecia separar para sempre o homem "decaído" do conhecimento do Espírito veio se dissolvendo.

No início, só umas poucas pessoas enveredaram por essa trilha marcada pela luz. Hoje, muitos anos depois que Mikao Usui realizou sua tarefa de desbravador, mais e mais pessoas se encontram nesse caminho, na companhia natural de outras que valorizam a natureza espiritual, a humanidade compartilhada, as outras criaturas que nos fazem companhia e a Terra, nosso lar comum. O que nos reúne e nos mantém nesse lugar é a própria energia vital universal. Sentindo o fluxo dessa energia, vivenciando-a e expressando-a, avançamos em nosso caminho. E à medida que avançamos, e reconhecemos a presença e a força dessa energia em nossos companheiros, nós nos damos as mãos.

O que segue é uma tentativa de reconhecer esses companheiros no Espírito por sua individualidade, pelo que têm em comum e por suas contribuições inspiradas. As descrições dos métodos de cura apresentadas se baseiam não na experiência pessoal, mas na pesquisa, na correspondência pessoal e na troca de idéias com praticantes desses métodos. Por isso, além desse reconhecimento, não posso recomendar nem endossar nenhum deles. A quem eventualmente estiver pensando na possibilidade de aprender um desses métodos como acréscimo ao Reiki Usui tradicional ou como substituto para ele aconselho fazer essa opção com o mais elevado discernimento espiritual.

O "OUTRO" REIKI TRADICIONAL

Em outubro de 1995, um Mestre de Reiki japonês chamado Toshitaka Mochizuki publicou um livro intitulado *Iyashi No Te*, que se pode traduzir como "Cura pelas Mãos" ou "Mãos de Cura". Informações sobre esse livro saíram do Japão para Vancouver, Colúmbia Britânica, com um aluno que estava aprendendo inglês. O professor desse aluno, David King, Mestre de Reiki ocidental, querendo ampliar seus conhecimentos, entrou em contato com Mochizuki.

Por intermédio de Mochizuki, King ficou conhecendo a história do Reiki como os Mestres japoneses de Reiki tradicional a contam: Usui nasceu em 1865, trabalhou em Quioto e estudou e meditou como membro da seita budista Rei Jyutsu Ka. Ele descobriu a energia, o método e a prática chamada Reiki em 1914, ou por volta desse ano. Usui criou sua escola, a Usui Shiki Ryoho, em Tóquio, em 1921. Conta-se que ele teria formado pelo menos 16 alunos como professores (incluindo cinco monjas budistas); um dos últimos desses alunos foi o dr. Chujiro Hayashi, um oficial aposentado da marinha japonesa, que estudou com Usui em 1925.

Os Mestres japoneses de Reiki tradicional ensinam posições de mãos diferentes para o nível I, pois eles adotam os meridianos de energia descritos pela medicina chinesa. No nível II, eles ensinam os mesmos símbolos de cura a distância, com o traçado desenhado por Usui, e fazem uma sintonização com cada símbolo. Eles ensinam o nível III como auto-energização, e convidam os praticantes de nível III a se comprometerem com o ensino, mas não como exigência; o compromisso que exigem para que o praticante se torne professor não tem relação com o dinheiro, mas com o tempo e com a excelência do aprendizado.[1]

A pessoa que aprende o Reiki Usui tradicional com um Mestre ocidental está em sintonia com o mesmo sistema de cura de energia sutil, mas a história mais factual ensinada pelos Mestres tradicionais japoneses certamente acrescenta uma perspectiva valiosa. Sem dúvida, a tradução do livro de Mochizuki pode tornar o Reiki ainda mais acessível a praticantes fora do Japão.

VARIAÇÕES DO REIKI ENSINADO POR MESTRES TREINADOS POR TAKATA

Mari-El

Ethel Lombardi, uma dos 22 Mestres de Reiki treinados por Hawayo Takata, uniu as energias canalizadas de Maria, mãe de Jesus, ao Reiki, criando o método de cura Mari-El. Ela é presidente e fundadora da Mari-El International e da Mari-El Foundation for Peace. Ethel trabalha como agente de cura, conferencista e condutora de cursos em todo o mundo, ensinando o método Mari-El e a técnica de cura Next Step para auto-energização. Alguns praticantes desse método ainda o adotam em ambientes terapêuticos, mas de modo geral acredita-se que ele não está mais sendo ensinado.[2]

The Radiance Technique and Radiant Peace Associates International

A dra. Barbara Ray afirma que Hawayo Takata, no ano anterior à sua morte, lhe ensinou sete níveis de Reiki. A organização que ela fundou apresenta esses níveis numa seqüência de sete cursos com o título de Authentic Reiki (também Real Reiki) para diferenciar esse sistema daquele ensinado por Takata aos outros 21 mestres de Reiki Usui tradicional. Desde 1982, Ray publicou mais de meia dúzia de livros descrevendo o sistema de energia da Radiance Technique, direcionado para o controle do *stress* e para o crescimento e desenvolvimento pessoal; seu primeiro livro, *The "Reiki" Factor in the Radiance Technique* é considerado a melhor introdução a esse sistema. Praticantes de Reiki Usui tradicional interessados em aprender esse sistema precisam começar no nível I. A Radiance Technique é bastante difundida nos países escandinavos.[3]

Para mais informações, entre em contato com:
The Radiance Technique and Radiant Peace Associates International
P.O. Box 40570
St. Petersburg, FL 33743-0570
(888) TRT-RPAI (878-7724)

Authentic Reiki, Real Reiki, The Radiance Technique and Radiant Peace Associates International são marcas registradas.

VARIAÇÕES DA PRÓXIMA GERAÇÃO

Radiant Heart Therapy

Sharon Wendt, Ph.D., é uma psicóloga clínica que estudou Reiki Usui e o método Mari-El antes de desenvolver um método complementar voltado à criação de uma cura e liberação emocional profunda e segura e de um senso esclarecido do propósito da vida. Em seu livro, *The Radiant Heart*, ela diz: "Minha experiência de submeter-me à psicoterapia e também de ser psicoterapeuta levou-me a observar que as pessoas mudam mais facilmente no nível humano quando se dispõem a dar atenção ao nível da alma. O objetivo principal da Radiant Heart Therapy é ajudar as pessoas [...] a despertar para uma relação consciente com a alma [...] Esse processo produz um ser humano com um coração radiante."[4] Radiant Heart Therapy é marca registrada.

Para mais informações, entre em contato com:
Sharon Wendt, Ph.D.
c/o Radiant Heart Press
520 Ridge Road
Munster, IN 46321
ou telefone para a coordenadoria de cursos: (219) 836-5109

Reiki Não Tradicional

William Rand aprendeu Reiki Usui tradicional I e II em 1981 e 1982, no Havaí, e Reiki III em 1989, em Michigan; posteriormente, ele fez uma revisão do método Usui com Bethel Phaigh e Phyllis Furumoto. No entanto, Rand e os professores por ele treinados por meio do International Center for Reiki Training ensinam cada nível de Reiki com uma sintonização, em vez das quatro tradicionais para o nível I, duas para o nível II e uma para o nível III. Essa mudança no método de sintonização se faz acompanhar por uma ênfase crescente dada à intenção consciente do praticante.

Rand justificou essa mudança dizendo que ele estudou "outro método, tibetano, de dar sintonizações de Reiki". Por meio de experiências, ele desenvolveu o que considera uma combinação eficaz dos métodos Usui e tibetano. Seus alunos e a observação clarividente o convenceram de que este método é superior.

Ele também oferece um curso intermediário entre os níveis II e III chamado Advanced Reiki Training (ART), que ensina métodos específicos de meditação sobre os símbolos, ligação com guias, varredura da aura, projeção de energia num cliente, trabalho com cristais e realização de cirurgia psíquica. Rand chama o sistema por ele desenvolvido, hoje ensinado em todo o mundo por meio do International Center for Reiki Training, de Reiki Usui-Tibetano.[5]

Rand contribuiu muito para a cura global simplesmente divulgando o Reiki, tanto por meio do seu *site* (http://www.reiki.org) como por meio de um boletim gratuito, *Reiki News*. Para mais informações, entre em contato com:

The International Center for Reiki Training
29209 Northwestern Highway #592
Southfield, MI 48034
(800) 332-8112

VARIAÇÕES DE REIKI RELACIONADAS COM O BUDISMO TIBETANO

Jinlap Maitri Tibetano

Ser Mestre de Reiki é pré-requisito para estudar esse sistema de cura energética, também chamado de Reiki Tibetano, que sintoniza os praticantes com os cinco elementos tibetanos (terra, ar, fogo, água, espírito) e ensina os meridianos de energia da medicina chinesa, meditação sobre o Buda da Medicina e técnicas avançadas de cura a distância. Esse sistema é ensinado em três níveis, sob os auspícios do Reiki Kai International.[6]

Para outras informações, contate:
Gary Jirauch, Certified Reiki Master
Reiki Kai International
307 East 89th Street #4H
New York, NY 10128
(212) 348-9537

Vajra Reiki

Nas primeiras décadas do século XX, no Japão, uma seita religiosa budista desenvolveu um método voltado para a clarificação, a purificação e a cura pelo uso das energias da Terra. Os ensinamentos dessa seita despertaram o interesse de um Mestre de Reiki Usui americano, que, no início da década de 80, adotou parte do que aprendeu para tornar as sintonizações e tratamentos que oferecia "mais quentes" e — acreditava ele — mais eficazes. Infelizmente, os efeitos foram muito fortes para alguns alunos, que disseram ter desenvolvido os mais variados problemas de saúde.

Suzanne Parnell, Ph.D., que aprendeu essa forma de Reiki depois de aprender Reiki Usui tradicional, usou o método de comunicação de Reiki de cura a distância para obter orientação sobre o modo de equilibrar essas energias de cura complementares com a suavidade e a segurança do Reiki Usui. Takata orientou-a a dar a esse método o nome "Vajra", em homenagem à tradição budista vajrayana, da qual ele derivou, mas Suzanne encontrou americanos nativos que reconhecem essas energias de cura como sendo as mesmas energias da Terra que eles usam nos rituais de medicina há milhares de anos.

Aprender Reiki Usui tradicional até o nível II pelo menos é pré-requisito para cursar o Vajra Reiki, que é especialmente eficaz no tratamento de doenças infecciosas graves (bacterianas, virais e fungosas), de desequilíbrios químicos e de envenenamento químico tóxico. Um estudo piloto com vítimas da síndrome da Guerra do Golfo usando Vajra Reiki está atualmente em andamento em hospitais no Arkansas e em vários outros estados.[7]

Para mais informações, contate:
Suzanne Parnell, PH.D., R.M.
P.O. Box 1991
Fayetteville, AR 72702
(501) 443-1617
e-mail: 3reikis@nwark.com

VARIAÇÕES DE REIKI INFLUENCIADAS POR MÉTODOS DE CURA EGÍPCIOS

Seichim

Reconhece-se que foi Patrick Zeigler quem redescobriu esse antigo método de cura egípcio. Durante os quatro anos em que integrou a Força de Paz das Nações Unidas, Zeigler visitou o Egito e foi orientado a "ficar à noite na Câmara do Rei da Grande Pirâmide". Ele se escondeu e conseguiu ficar trancado na Câmara do Rei. Passado um certo tempo, sentiu uma vibração vinda de outra câmara. A vibração se deslocou em sua direção, apareceu para ele como uma luz formando um vórtice e em seguida entrou em seu coração. Quando isso aconteceu, Zeigler soube que se tornaria um agente de cura, embora não soubesse como. Depois disso, sempre que ficava doente, ele punha as mãos sobre o coração e sentia a vibração fluir por ele novamente, curando-o.

Quando voltou aos Estados Unidos, Zeigler aprendeu Reiki Usui tradicional I, II e III, mas se decepcionou devido a conflitos relacionados com o preço dos cursos. Procurando orientação, ele consultou uma mulher chamada Christine Gerber, que canalizava um sábio indiano de nome Marat. Marat disse a Zeigler que o tratamento que ele aplicava não era Reiki, mas Seichim, e lembrou a ele "a luz em vórtice que era o padrão energético do Seichim [...] um sinal do infinito". Daquele momento em diante, sempre que ministrava uma sintonização, ele incorporava esse símbolo.

A primeira pessoa que Zeigler sintonizou foi Tom Seaman, que, como ele próprio, ensinava a outros gratuitamente ou por uma pequena doação. No decorrer dos doze anos seguintes, Tom viajou pelos Estados Unidos, ensinando Seichim a muitas pessoas. Um dos amigos de Tom ensinou a Phoenix Summerfield, que elaborou uma estrutura de curso de sete níveis (incorporando Reiki Usui I, II e III, como os três primeiros níveis) e começou a ensinar Seichim em todo o mundo.[8] Marsha Burack, autora de *Reiki: Healing Yourself and Others*, também ajudou a tornar o Seichim mais conhecido, descrevendo-o, com respeito e amor, nas páginas do seu livro.

Zeigler diz que "receber novos símbolos [...] é muito comum no Seichim, já que de certo modo ele está ligado a uma corrente de geometria sagrada [...] O Seichim dá menos atenção à função do professor de energizar as pessoas do que à necessidade que estas têm de aprender a energizar e amar a si mesmas. Quando isso acontece, a iniciação ocorre por si só".[9] Para mais informações, entre em contato com:

Patrick Zeigler
835 Hutcheson Lane
Blacksburg, VA 24060
(540) 552-8267

Tom Seaman
1547 Borah Avenue
Moscow, ID 83340

Marsha Burack
The Reiki Healing Institute
449 Santa Fe Drive, #303
Encinitas, CA 92024
(760) 436-1865

Karuna Reiki

William Rand, que ensina Reiki Usui-Tibetano por meio do International Center for Reiki Training, também oferece o Karuna Reiki, um método que reúne símbolos baseados no Seichim, adotados por sua eficácia em promover a cura, com símbolos tibetanos que ele descobriu em suas pesquisas. O Karuna Reiki, o Reiki da "ação compassiva", deve ser usado intuitivamente por alunos treinados em nível de Mestre de Reiki para aprofundar o tratamento de Reiki.[10] Karuna Reiki é marca registrada.

Para mais informações, contate:
The International Center for Reiki Training
29209 Northwestern Highway #592
Southfield, MI 48034
(800) 332-8112

Blue Star Reiki

A maestria em Reiki é condição para aprender esse novo método de cura, no nível de praticante ou de mestre. Os símbolos e os métodos de sintonização primitivamente usados no antigo Egito são canalizados por "Makuan", que os adapta à Terra do tempo presente. Gary Jirauch, treinado em Seichim por Marsha Burack, põe esse método à disposição por meio do escritório do Reiki Kai International em Nova York.

Obtenha outras informações entrando em contato com:
Gary Jirauch, Certified Reiki Master
Reiki Kai International
307 East 89th Street #4H
New York, NY 10128
(212) 348-9537

NÃO É A ÚLTIMA PALAVRA

Com a existência de tantas formas diferentes de Reiki, fica claro que a energia está promovendo a evolução de seus professores e praticantes de muitos modos para trazer mais luz e mais cura a este mundo. Embora a maioria dessas diversas formas talvez não atraia a atenção pessoal de um praticante tradicional, é importante reconhecer que elas se revelaram métodos de cura eficazes em toda parte. Enquanto algumas são de desenvolvimento muito recente, outras já superaram o teste do tempo.

Se você estiver interessado em estudar algum desses métodos de cura, procure receber um tratamento de um praticante antes de inscrever-se num curso. A sensação da energia que flui pelas mãos do praticante lhe dirá se esse método é para você ou não, mais do que qualquer outra coisa que você possa ler num livro. Se possível, fale com a pessoa que será seu professor. Finalmente, reflita sobre o que você experimentou e ouviu. Ouça seu coração. Deixe que a última palavra seja dita por Deus dentro de você.

Notas

Capítulo 2

1. Frank Arjava Petter, *Reiki Fire* (Twin Lakes, Wis.: Lotus Light, 1997), p. 24. Petter, Mestre de Reiki europeu atualmente ensinando no Japão, afirma que o sr. Tsutomu Oishi lhe forneceu detalhes da vida e dos ensinamentos do dr. Usui dos quais ele nunca ouvira falar. O sr. Oishi aprendeu Reiki com o sr. Kozo Ogawa, aluno do dr. Usui e diretor do centro de Reiki em Shizuoka, Japão, enquanto o dr. Usui era vivo. O sr. Ogawa mencionou que "depois da iniciação, todos os alunos [...] recebiam um manual que explicava o que é o Reiki, descrevia sintomas e dava orientações sobre o tratamento de doenças".
2. Transcrição pessoal de sessão de Reiki de cura a distância sobre Hawayo Takata, Sarasota, Flórida, 10 de janeiro de 1996, de dois Mestres de Reiki treinados em cura a distância pela reverenda Beth Gray, que ensinou o método de cura a distância com comunicação descrito no capítulo 11.
3. Quando fiz o curso de Reiki III, Frank DuGan me disse que Usui Shiki Ryoho poderia ser traduzido como "a escola Usui de cura natural". *In Reiki Fire* (p. 18), Petter adota a tradução mais livre de "estilo, forma ou sistema", mas também usa a expressão *shiki ryoho* para denotar "escola", como nesta frase

(p. 21): "Um pouco antes, naquele ano, um de nossos alunos havia nos dado o número do telefone do Usui Shiki Ryoho em Tóquio."

Capítulo 6

1. Ver Larry Arnold e Sandy Nevius, *The Reiki Handbook* (Harrisburg, Pa.: PSI Press, 1982), pp. 3-12, para o primeiro relato publicado da história do dr. Usui como foi narrada por Virginia Samdahl, outra Mestra de Reiki treinada por Hawayo Takata.
2. A fotografia do dr. Usui impressa neste livro foi fornecida por William Rand, que tem negativos das fotos do dr. Usui, do dr. Chujiro Hayashi e de Hawayo Takata. Esses negativos estão à disposição dos interessados por meio do International Center for Reiki Training (ver capítulo 12 para mais informações sobre essa organização).
3. De acordo com Petter em *Reiki Fire*, os princípios do Reiki foram "originalmente propostos como orientação para uma vida plena pelo imperador Meiji do Japão (1867-1912)" (p. 32). O dr. Usui adotou-os e incentivou seus alunos a fazer o mesmo.
4. Petter, *Reiki Fire*, pp. 28-31. A longa inscrição sobre o túmulo do dr. Usui no templo Saihoji, em Tóquio, traduzida do japonês por Petter, sua mulher e sua sogra, dá a data do nascimento do dr. Usui como 15 de agosto de 1864, e a data da morte como 9 de março de 1926. A inscrição fornece muitos detalhes interessantes da vida do dr. Usui, incluindo a meditação no monte Kurama e sua experiência de receber "[...] a grande energia Reiki no topo da cabeça".
5. Petter, *Reiki Fire*, p. 31. A mesma inscrição registra que o dr. Usui ensinou Reiki para mais de 2 mil pessoas, embora ela não diga quantos Mestres de Reiki ele iniciou. Entretanto, em Arnold e Nevius (*The Reiki Handbook*, p. 11), o relato de Virginia Samdahl da história do Reiki menciona Chujiro Hayashi como um dos dezoito "discípulos" que viajavam com o dr. Usui quando ele ensinava Reiki. Pode-se hoje considerar a possibilidade de que o dr. Usui tenha iniciado vários desses "discípulos", e talvez todos, embora o único geralmente conhecido pelos Mestres de Reiki Usui ocidentais, por intermédio de Hawayo Takata, seja o dr. Hayashi.
6. Ver Helen Haberly, *Reiki: Hawayo Takata's Story* (Olney, Md.: Archedigm, 1990) para um belo e minucioso relato da vida de Hawayo Takata.
7. Louise L. Hay, *You Can Heal Your Life* (Santa Monica: Hay House, 1982), 72.
8. Louise L. Hay, *Heal Your Body* (Santa Monica: Hay House, 1982), 2.

9. Joseph Le Doux, Ph.D., da New York University, numa entrevista a Michael Grillen, Ph.D., editor de ciências para o *Good Morning America*, segundo relato de 11 de março de 1997.
10. e.e. cummings, "Since Feeling Is First" in *Modern American Poetry*, org. Louise Untermeyer (Nova York: Harcourt, Brace & World, 1962), p. 476.
11. "Change Your Life in a Hearbeat", in *Natural Health*, abril de 1997, p. 103.
12. Helen Haberly (*Reiki: Hawayo Takata's Story*), que era aluna e amiga íntima de Takata, transmite as convicções de sua professora enfaticamente: "O praticante não tem controle sobre o que irá acontecer, uma vez que a responsabilidade pelo que possa ocorrer é do ser que está sendo tratado [...] O praticante não cria essa energia, mas é apenas o canal através do qual ela é transferida; e ao aceitar esse papel de canal, não há apego aos resultados. O praticante não se transforma numa pessoa que cura, pois é o Reiki que cura" (p. 52).
13. Haberly, *Reiki: Hawayo Takata's Story*, p. 51.

Capítulo 7

1. Stephen Ceci, Ph.D., da Cornell University, numa entrevista a Michael Grillen, Ph.D., editor de ciências para o *Good Morning America*, conforme relatado em 13 de março de 1997.

Capítulo 10

1. Arnold e Nevius, *The Reiki Handbook*, p. 67. Na biografia de Hawayo Takata pesquisada por esses autores, eles dizem que antes de aprender Reiki, Takata se perguntava "como [...] esses curadores [eram] capazes de falar sobre as dores que ela sentia no corpo simplesmente tocando — e às vezes nem sequer tocando — seu corpo [...]"

Capítulo 12

1. Reiki japonês tradicional, *site* http://www.geocities.com/ HotSprings/6542; Dave King, Reiki japonês tradicional, *site* http://www.freenet.edmonton.ab.ca.reiki.

2. Robert Henley e Lynn Kelly, D.C., em *e-mail* para alt.healing.reiki, 7 de fevereiro de 1997 e 9 de fevereiro de 1997, respectivamente.
3. Marvel Lightfield, no escritório da Radiance Stress Management International, St. Petersburg, Florida, em conversa telefônica, 31 de março de 1997.
4. Sharon Wendt, Ph.D., *The Radiant Heart: Healing the Heart, Healing the Soul* (Munster, Ind.: Radiant Heart Press, 1995), p. 40.
5. The International Center for Reiki Training, *site* http://www.reiki.org., e William Rand, em correspondência pessoal, 21 de outubro de 1997.
6. Tsy Ford, em *e-mail* para alt.healing.reiki, 6 de fevereiro de 1997, e Gary Jirauch, em conversa telefônica, 31 de março de 1997.
7. Suzanne Parnell, em conversas telefônicas de 26 de março de 1997 e 23 de outubro de 1997, e em apostila para alunos sobre Vajra Reiki, 1995 e 1997.
8. Tsy Ford, *e-mail* para alt.healing.reiki, 6 de fevereiro de 1997, reendereçando um prospecto AOL de Patrick Zeigler; e Patrick Zeigler, *e-mail* para alt.healing.reiki, 10 de fevereiro de 1997.
9. *Ibid.*
10. William Rand, *Reiki News*, primavera de 1995 (Southfield, Mich.: The International Center for Reiki Training), e correspondência pessoal de 21 de outubro de 1997.
11. Tsy Ford, *e-mail* para alt.healing.reiki, 5 de fevereiro de 1997, e Gary Jirauch, em conversa telefônica, 31 de março de 1997.

Leituras Sugeridas

LIVROS SOBRE REIKI

Arnold, Larry, e Sandy Nevius. *Reiki Handbook: A Manual for Students and Therapists of the Usui Shiki Ryoho System of Healing*. Pittsburgh: PSI Press, 1982.
Baginski, Bodo, e Shalila Sharamon. *Reiki: Universal Life Energy*. Mendocino: LifeRhythm, 1988.
Barnett, Libby, e Maggie Chambers. *Reiki Energy Medicine: Bringing the Healing Touch into Home, Hospital, and Hospice*. Rochester, Vt. Healing Arts Press, 1996.
Brown, Fran. *Living Reiki: Takata's Teachings*. Mendocino: LifeRhythm, 1992.
Burack, Marsha. *Reiki: Healing Yourself and Others: A Photo-Instructional Art Book*. Encinitas, Calif.: LoRo Productions, 1995.
Clay, A. J. Mackenzie. *The Challenge to Teach Reiki*. Byron Bay (Nova Gales, Austrália): Dimensions, 1992.
Eos, Nancy, M.D. *Reiki and Medicine*. Grass Lake, Mich.: Eos, 1995.
Frank, Ojela. *The Healing Path of Reiki*. Nova York: Holistic Health Works, 1995.
Gleisner, Earlene F. *Reiki in Everyday Living: How Universal Energy Is a Natural Part of Life, Medicine, and Personal Growth*. Laytonville, Calif.: White Feather Press, 1992.

Haberly, Helen. *Reiki: Hawayo Takata's Story*. Olney, Md.: Archedigm Publications, 1990.
Hall, Mari. *Practical Reiki*. Austin: Thorsons, 1997.
Horan, Paula. *Abundance Through Reiki*. Twin Lakes, Wis.: Lotus Light, 1995.
―――――. *Empowerment Through Reiki: The Path to Personal and Global Transformation*, 2ª ed. Wilmot, Wis.: Lotus Light, 1992.
Jarrell, David G. *Reiki Plus Natural Healing*, 4ª ed. Celina, Tenn.: Hibernia West, 1991. [*Cura Energética com o Reiki Plus®*, publicado pela Editora Pensamento, São Paulo, 1996.]
―――――. *Reiki Plus Natural Healing Second Degree*. Celina, Tenn.: Hibernia West, 1992. [*Reiki Plus®. Manual do Terapeuta Profissional de Segundo Grau*, publicado pela Editora Pensamento, São Paulo, 1997.]
Lubeck, Walter. *The Complete Reiki Handbook: Basic Introduction and Methods of Natural Application*, 1ª edição em inglês. Twin Lakes, Wis.: Lotus Light, 1994.
―――――. *Reiki: Way of the Heart*, 1ª edição em inglês. Twin Lakes, Wis.: Lotus Light, 1996.
Mitchell, Karyn K. *Reiki: A Torch in Daylight*. Sedona, Ariz.: Mind Rivers Publications, 1994.
Muller, Brigitte, e Horst H. Gunther. *A Complete Book of Reiki Healing: Heal Yourself, Others, and the World Around You*. Mendocino: LifeRhythm, 1995.
Narrin, Janeanne. *One Degree Beyond: A Reiki Journey into Energy Medicine*. Seattle: Little White Buffalo, 1997.
Petter, Frank Arjava. *Reiki Fire: New Information about the Origins of the Reiki Power; a Complete Manual*. Twin Lakes, Wis.: Lotus Light, 1997.
Rand, William L. *Reiki the Healing Touch: First and Second Degree Manual*. Southfield, Mich.: Vision Publications, 1991.
Ray, Barbara Weber. *The 'Reiki' Factor in the Radiance Technique*, edição ampliada. St. Petersburg: Radiance Associates, 1992.
Stein, Diane. *Essential Reiki: A Complete Guide to an Ancient Healing Art*. Freedom, Calif.: Crossing Press, 1995. [*Reiki Essencial*, publicado pela Editora Pensamento, São Paulo, 1998.]
―――――. *Natural Healing for Dogs and Cats*. Freedom, Calif.: Crossing Press, 1993.
Stewart, Judy Carol. *Reiki Touch*. Houston: Reiki Touch, Inc., 1995.
Twan, Wanja. *In the Light of a Distant Star: A Spiritual Journey Bringing the Unseen Into the Seen*. Laytonville, Calif.: White Feather Press, 1996.
Verschure, Yasmin, Ph.D. *Way to the Light: Pilgrimage of a Reiki Master*. York Beach, Maine: Weiser, 1996.

LIVROS SOBRE ESPIRITUALIDADE E MEDICINA ENERGÉTICA

Brennan, Barbara Ann. *Hands of Light: A Guide to Healing Through the Human Energy Field*. Nova York: Bantam Books, 1988. [*Mãos de Luz: Um guia para a cura através do campo de energia humano*, publicado pela Editora Pensamento, São Paulo, 1990.]
———. *Light Emerging: The Journey of Personal Healing*. Nova York: Bantam Books, 1993. [*Luz emergente: A jornada da cura pessoal*, publicado pela Editora Cultrix, São Paulo, 1995.]
Bruyere, Rosalyn L. *Wheels of Light: Chakras, Auras, and the Healing Energy of the Body*. Nova York: Simon & Schuster, 1994.
Chopra, Deepak. *Ageless Body, Timeless Mind*. Nova York: Harmony Books, 1993.
———. *Journey Into Healing*. Nova York: Harmony Books, 1994.
———. *Quantum Healing*. Nova York: Bantam Books, 1989.
———. *Unconditional Life*. Nova York: Bantam Books, 1991.
Collinge, William, Ph.D. *Subtle Energy*. Nova York: Warner, 1998.
Cousins, Norman. *Anatomy of an Illness*. Boston: G. K. Hall, 1980.
Dacher, Elliott S., M.D. *Intentional Healing: A Guide to the Mind/Body Healing System*. Nova York: Marlowe, 1996.
Dossey, Larry. *Healing Words: The Power of Prayer and the Practice of Medicine*. San Francisco: HarperSanFrancisco, 1993. [*As Palavras Curam*, publicado pela Editora Cultrix, São Paulo, 1996.]
———. *Prayer is Good Medicine*. San Francisco: HarperSanFrancisco, 1996. [*Rezar é Um Santo Remédio*, publicado pela Editora Cultrix, São Paulo, 1998.]
Gerber, R. *Vibrational Medicine: New Choices For Healing Ourselves*. Sante Fe: Bear & Co., 1988. [*Medicina Vibracional*, publicado pela Editora Cultrix, São Paulo, 1992.]
Hay, Louise. *Heal Your Body: The Mental Causes for Physical Illness and the Metaphysical Way to Overcome Them*. Santa Monica: Hay House, 1982.
———. *You Can Heal Your Life*. Santa Monica: Hay House, 1987.
Krieger, Dolores. *Accepting Your Power to Heal*. Sante Fe: Bear & Co., 1993. [*O Toque Terapêutico*, publicado pela Editora Cultrix, São Paulo, 1995.]
———. *The Therapeutic Touch*. Englewood Cliffs, N.J.: Prentice-Hall, 1979. [*Toque Terapêutico*, publicado pela Editora Cultrix, São Paulo, 1998.]
Kübler-Ross, Elizabeth. *AIDS*. Nova York: Collier Books, 1993.
———. *On Life After Death*. Berkeley: Celestial Arts, 1991. [*A Morte: Um Amanhecer*, publicado pela Editora Pensamento, São Paulo, 1996.]

———. *The Wheel of Life.* Nova York: Scribner, 1997.

McWilliams, Peter. *You Can't Afford the Luxury of a Negative Thought: A Book for People with Any Life-Threatening Illness — Including Life.* Los Angeles: Prelude Press, 1995.

Myss, Caroline M. *Anatomy of the Spirit: The Seven Stages of Power and Healing.* Nova York: Harmony Books, 1996.

Siegel, Bernie S. *Love, Medicine, and Miracles.* Nova York: Harper & Row, 1986.

———. *Peace, Love, and Healing.* Nova York: Harper & Row, 1989.

Weil, Andrew. *Natural Health, Natural Medicine.* Boston: Houghton-Mifflin, 1990.

———. *Spontaneous Healing.* Nova York: Knopf, 1996.

Reiki
ESSENCIAL

Manual Completo sobre uma Antiga Arte de Cura

Diane Stein

O Reiki, antigo sistema de cura baseado na simples imposição das mãos, tem sua origem mais remota ligada ao Budismo tibetano. No Ocidente, sua prática era mantida em segredo até há bem pouco tempo. Este livro traz informações detalhadas, muitas delas publicadas pela primeira vez, sobre todos os três graus do Reiki. Por desmistificar esse antigo sistema de cura, *Reiki Essencial* por certo está destinado a ser um livro polêmico.

Partindo da premissa de que a cura Reiki pertence a todas as pessoas, este livro difere de tudo o que já foi publicado sobre o assunto. Embora nenhuma publicação possa substituir as "sintonizações" Reiki recebidas de modo direto, *Reiki Essencial* contém todas as informações que o agente de cura, o praticante e o mestre desse sistema precisam ter.

DIANE STEIN – a autora – é praticante de Reiki desde 1988 e Mestre de Reiki desde 1990. Ela se dedica à tarefa de divulgar esse maravilhoso sistema de cura para todas as pessoas. Embora seja uma agente de cura, ela se engajou politicamente em campanhas de prevenção à AIDS, na recuperação de vítimas de incesto e na defesa dos direitos dos deficientes. Há quase trinta anos, Diane Stein escreve ainda sobre temas relativos à espiritualidade da mulher, tornando-se uma porta-voz importante desse movimento. Durante os últimos dez anos ela tem-se dedicado a dar cursos sobre espiritualidade feminina e sobre a técnica de cura Reiki por todo o país.

EDITORA PENSAMENTO

LUZ EMERGENTE

A Jornada da Cura Pessoal

Barbara Ann Brennan

O primeiro livro de Barbara Ann Brennan — *Mãos de Luz*, **publicado pela Editora Pensamento** — consagrou-a como uma das mais talentosas mestras da atualidade no seu campo específico de atuação. Agora, neste seu novo livro há muito esperado, ela continua sua pesquisa inovadora sobre o campo energético humano e sobre a relação de nossas energias vitais com a saúde, com a doença e com a cura.

Com base em muitas das novas descobertas que ela fez na sua prática diária, a autora mostra de que modo tanto os pacientes como os agentes de cura podem ser energizados para entender melhor e trabalhar com o nosso poder de cura mais essencial: a luz que se irradia do próprio centro da condição humana.

Nas suas várias partes, este livro explica como e por que a imposição das mãos funciona; descreve o que um curador pode ou não fazer para beneficiar as pessoas, ensina a forma básica de uma sessão de cura e como uma equipe constituída por um curador e um médico pode funcionar com resultados excelentes; apresenta depois o conceito do sistema interno de equilíbrio e mostra como podemos desenvolver doenças quando não seguimos a orientação desse sistema; transcreve a seguir uma série de interessantes entrevistas com pacientes que ajudam a explicar o processo de cura de um modo muito simples; explica o modo como os relacionamentos podem afetar a saúde, tanto positiva como negativamente, e propõe, para finalizar, maneiras práticas de criar relacionamentos saudáveis, além de mostrar a conexão entre saúde, doença e cura com o processo criativo.

O livro traz, ainda, uma série detalhada de casos clínicos esclarecedores, propõe exercícios, além de incluir ilustrações em preto e branco ou em cores para a melhor compreensão do texto.

Apresentando os aspectos práticos e teóricos desse novo campo de pesquisa, Barbara Ann Brennan coloca-se na liderança da prática da cura na nossa época.

CULTRIX/PENSAMENTO